표현력을 키우는

표현 중심 쓰기 교육 방법

안 병 섭

도서출판 월인

머리말

과정 중심 쓰기 교육 시대에 왜 표현 중심 쓰기 교육을 이야기하는가?

쓰기 능력의 가장 기본적인 요소는 자신의 생각을 언어로 정확하고 효과적으로 표현하는 것이다. 표현력을 구성하는 여러 하위 능력들이 있지만 자신의 생각을 정확하고 효과적으로 전달하는 능력이야말로 표현력의 핵심이 된다.

표현력을 갖추지 않고서는 자신의 사고를 제대로 된 글로 담아내기 어렵다. 표현력이 뛰어난 학습자가 구체적으로 사고하고 창의적으로 사고하며, 그렇지 못한 학습자들보다 논리적으로 글을 쓴다는 것은 널리 알려진 사실이다. 표현력이 빈약한 학습자에게서 논리적인 사고 체계나 사고의 창의적인 확장을 기대하기 어려운 이유가 여기에 있다. 그래서 전문가들은 표현력과 사고력이 상호보완적인 관계이지 우위 또는 종속의 관계가 아니라고 이야기한다.

독자를 설득하고 독자에게 감동을 주는 글들은 사고력, 구성력과 더불어 언제나 정확하고 풍부한 표현력이 뒷받침되고 있다.

그렇다면 현재의 우리 교육계는 왜 과정 중심의 쓰기 교육을 환호하며 사고력 신장을 위한 쓰기 교육에 주목하는가? 현재의 쓰기 교육이 사고력이나 구성력의 신장을 목표로 한 과정 중심 쓰기 교육에 무게를 두고 있지만 그렇다고 해서 표현력이 중요하지 않은 것은 아니다. 그것은 지난 시기의 우리의 쓰기 교육이 표현력 위주로 진행되어 온 반사 작용에 의해 부각된 결과이다. 표현 중심 쓰기 교육이 과거에 비해 상대적으로 소홀해진 것이지, 글쓰기에서 표현력이 담당한 기능이 위축된 것은 아니다. 과정 중심 쓰기 교육이 너무 강조된 나머지 표현 중심 쓰기 교육이 남아 있을 공간이 충분히 마련될 수 없었다고 보는 것이 옳다.

중등 교육 현장에서 진행되는 쓰기 교육 현실은 어떠한가?

글쓰기 능력에 대한 사회적 요구가 점점 커지고 있고, 그러한 요구는 중등 교육과 대학 과정에도 반영되고 있다. 일례로 현재 대학에서 개설된 글쓰기 관련 강좌를 보더라도 글쓰기에 대한 관심이 어떠한지 알 수 있을 정도다. 게다가 서점의 진열대에서도 볼 수 있듯이 글쓰기 관련 서적이 수십 종이고 매주 글쓰기 관련 서적이 계속 발간된다는 점은 글쓰기에 대한 사회적 요구가 한때 지나가는 유행 수준이 아님을 시사한다.

구성주의 작문 이론이 도입되면서 쓰기의 기능을 다시 생각하는 계기가 되었으며, 그것은 그대로 중등 교육 과정에 적용되었다. 과정 중심의 쓰기 교육이 교육 내용에 포함되면서 많은 교육 전문가들은 쓰기 교육이 전환을 맞이할 것으로 기대했지만 그 결과는 그렇지 못한 것 같다.

지난 시기의 쓰기 교육이 비판받은 것 가운데 하나가 결과물에 대한 평가 위주로 쓰기 활동이 이루어졌다는 점이다. 그러나 과정 중심 쓰기 교육이 중등 교육에 수용된 이후에 과연 그러한 쓰기 교육 방법이 변화를 겪었는가를 묻고 싶다. 중등 교육의 현실을 아는 이라면 결코 그렇다고 대답하기 어려울 것이다. 오히려 교육 현장에서의 쓰기 교육 지도는 더욱 어려워진 것 같다. 교과 내용이 포함하고 있는 쓰기 교육을 진행하기에는 우리의 교육 제도, 교육 환경, 교수자의 자질은 허용적이지 않다.

표현 중심 쓰기 교육도 다양한 지도 방안이 마련되어야 한다.

현대는 지식 정보화 사회이다. 각종 매체가 발달하였고, 지식과 정보를 주고받는 양상이 이전 시기와 달라졌다. 학습자들 또한 글보다는 주로 영상과 그림을 매개로 지식과 정보를 얻는 데 익숙해졌다. 글로 읽었던 위인전을 요즘 학생들은 만화로 본다. 인터넷의 댓글, 덧글, 휴대폰의 문자 메시지와 같이 즉시적이고 부주의한 글쓰기 환경은 학생들의 표현력을 더욱 빈곤하게 만드는 요인이 되었다.

글쓰기 능력에 대한 사회적 요구는 점점 높아지는 반면에 해를 거듭할수록 학생들의 표현력은 점점 빈약해지고 있음을 교육 현장에서 실제로 확인하고 걱정하지 않을 수 없었다. 대학에서 글쓰기 수업을 진행하면서 구체적인 지도 방법을 매 시간 고민했고, 현재의 쓰기 교육이 갖고 있는 한계를 일면이나마 극복하고 싶은 욕심을 갖게 되었다.

그것이 가능하려면 구체적이고 실질적인 표현 중심 쓰기 교육 방안이 마련되어야 한다고 생각했고, 표현력 신장을 위한 쓰기 지도가 교육 현장에서 실질적으로 이루어지길 바라는 마음으로 이 책을 기획하게 되었다. 현장에서 실제로 적용할 수 있는 지도 방안을 고심하는 데 많은 시간을 쏟았고 그러한 고민들을 한 권의 책으로 엮어내게 되었다.

그러나 여전히 부족한 면이 많다는 점을 고백하지 않을 수 없다. 그저 이 책이 중등 교육 현장과 대학 교육 현장에서 학습자들의 표현력을 신장하는 데 미력하나마 기여할 수 있기를 기대할 따름이다.

2010년, 봄이 움틀 즈음

안병섭

감사의 글

이날까지 많은 사람들과 만나고 헤어지고 또 만나며 살아왔습니다. 많은 분들로부터 기쁨과 고마움을 받았고, 지나고 나서야 소중한 인연이었음을 깨닫게 된 분들도 있었습니다. 다행스럽게도 생이 기쁨과 고마움, 슬픔과 아쉬움으로 그 깊이를 더해 간다는 것을 조금의 지혜로나마 어렴풋이 깨닫게 되었으니 이 모든 분들이 제게는 다 소중합니다. 감사의 마음을 글로 담자니 그동안 많은 분들로부터 사랑 받았음에 행복하며, 그 사랑에 미치지 못할까 두렵습니다.

아낌없다는 말로 표현할 수밖에 없는 사랑을 주신 필자의 은사이신 이기동 선생님께 감사 드립니다. 선생님께서는 학문적인 가르침과 더불어 인생의 소중한 가르침을 주셨고, 부족한 제자를 한결같은 마음으로 위로하고 격려해 주셨습니다.

강사 초년 시절에 다양한 글쓰기 교수법, 학생들과 소통하는 방법을 친절하게 알려 주신 한성대 김정우 선생님께도 감사 드립니다. 이 책을 쓸 수 있게 필자에게 용기와 도움을 주셨습니다.

살아 계셨다면 필자의 성장하는 모습을 누구보다 기뻐해 주셨을 부경대 고 박영준 선생님께는 그리움과 고마움을 전하고 싶습니다.

그밖에 자주 찾아뵙지 못한 필자를 너그러움으로 응원해 주신 많은 선생님들이 있습니다. 그리고 글쓰기 교수법을 같이 고민했던 선배, 동료, 후배들이 곁에 있었습니다. 감사의 말씀을 일일이 드리지 못해 죄송할 뿐입니다. 자신의 글을 자료로 사용할 수 있도록 용기 내어 허락해 준 학생들에게는 특히 감사 드립니다.

어려운 시기에 미흡한 원고를 흔쾌히 받아 주신 도서출판 월인의 박성복 사장님과 최형필 상무님, 직원 분들께도 감사드립니다.

끝으로 자식 걱정에 매주 전화하시는 부모님, 이 책이 나오기까지 많은 시간을 양보해 준 친구 같은 아내, 요즘 말문이 트여 쉴 새 없이 재잘거리는 사랑스러운 딸에게 고마움과 미안한 마음을 전하고 싶습니다.

간략 목차

PART 1.

쓰기 교육과 표현 중심 쓰기 교육

1. 쓰기와 쓰기 교육의 의의 / 17
2. 표현 중심 쓰기 교육의 의의 / 27

PART 2.

표현 단위를 중심으로 지도하기

3. 문장 쓰기 / 39
4. 문단 쓰기 지도 / 70

PART 3.

표현 방식을 중심으로 지도하기

5. 정확하게 쓰기 / 105
6. 꾸며 쓰기 / 130

PART 4.

전달 방식을 중심으로 지도하기

7. 효과적으로 전달하기 / 151

세부 목차

머리말 / 3
감사의 글 / 7
일러두기 / 13

PART 1. 쓰기 교육과 표현 중심 쓰기 교육

1. 쓰기와 쓰기 교육의 의의 / 17
    1) 쓰기와 쓰기 교육의 필요성 / 17
    2) 쓰기의 이론적 관점 / 22
2. 표현 중심 쓰기 교육의 의의 / 27
    1) 쓰기 교육의 현황과 문제 / 27
    2) 표현 중심 쓰기 교육의 필요성 / 32

PART 2. 표현 단위를 중심으로 지도하기

3. 문장 쓰기 / 39
    1) 문장 쓰기의 의의 / 39
        (1) 문장의 개념과 기능 / 39
        (2) 교육 효과 / 42
    2) 쓰기 활동의 실제 / 44
        (1) 문장 나눠 쓰기 / 44
        (2) 문장 이어 쓰기 / 52
        (3) 문장 합쳐 쓰기 / 56

(4) 문장 늘여 쓰기 / 62
(5) 문장 바꿔 쓰기 / 66
4. 문단 쓰기 지도 / 70
1) 문단 쓰기의 의의 / 70
(1) 문단의 개념과 기능 / 70
(2) 교육 효과 / 71
2) 쓰기 활동의 실제 / 73
(1) 문단 구분하기 / 73
(2) 문단의 문장 연결하기 / 80
(3) 주제문(중심 문장) 작성하기 / 84
(4) 중심 문장 뒷받침하기 / 88
(5) 중심 문장으로 글 구성하기 / 94

PART 3. 표현 방식을 중심으로 지도하기

5. 정확하게 쓰기 / 105
1) 정확하게 쓰기의 의의 / 105
(1) 개념 및 필요성 / 105
(2) 교육 효과 / 106
2) 쓰기 활동의 실제 / 107
(1) 분명하게 쓰기 / 107
(2) 간결하게 쓰기 / 113

(3) 문장의 문법 / 119
6. 꾸며 쓰기 / 130
1) 꾸며 쓰기의 의의 / 130
(1) 개념 및 필요성 / 130
(2) 교육 효과 / 131
2) 쓰기 활동의 실제 / 132
(1) 비유하기 / 132
(2) 강조하기 / 138
(3) 변화주기 / 141

PART 4. 전달 방식을 중심으로 지도하기

7. 효과적으로 전달하기 / 151
1) 효과적으로 전달하기의 의의 / 151
(1) 개념 및 필요성 / 151
(2) 교육 효과 / 152
2) 쓰기 활동의 실제 / 153
(1) 상황의 추이를 전달하기: 서사 / 153
(2) 인상적인 느낌을 전달하기: 묘사 / 160
(3) 원인과 결과로 설명하기: 인과 / 166
(4) 견주어 설명하기: 비교 / 171
(5) 예를 들어 설명하기: 예시 / 178

일러두기

- 각각의 쓰기 지도는 '교육 내용 및 효과'와 '지도의 실제'로 구성되었다. '교육 내용 및 효과'에서는 해당 쓰기 지도의 필요성, 지도해야 할 내용, 교육적 효과를 제시하였고, '지도의 실제'는 해당 연습과 도움말로 구성하였다. 도움말의 내용은 주로 해당 연습에 대한 세부 지도 방법이나 유의해야 할 점을 담았다.
- 단계별 연습이 필요한 일부 쓰기 지도는 기초 연습과 심화 연습으로 구성하였다. 다만 책에서는 그러한 표시를 생략하였다.
- 일부 쓰기 지도는 과정 중심의 쓰기 활동이나 고쳐 쓰기 활동이 포함되어 있다. 과정 중심의 쓰기 활동이 포함된 연습은 연습 문제 수가 적으나 특성상 분량이 많고, 고쳐 쓰기 활동의 성격이 포함된 연습은 연습 문제 수를 많이 제시하려고 노력하였다.
- 책의 분량을 고려하여, 한 편의 완결된 글을 요구하는 연습이나 많은 분량을 써야 할 연습들은 지면상 쓰기에 충분한 공간을 제공하지 않았다.
- 학습자에게도 적극적인 태도가 필요하지만 교수자에게도 적극적인 태도가 필요하다. 교육은 현장성이 중요하다. 본 책에 제시한 연습 문제 외에도 쓰기 지도가 이루어지는 현장과 관련된 쓰기 소재나 학습자와 관련된 소재, 시사적인 소재를 적극적으로 발굴하여 활용하는 것이 좋다.

PART 1

쓰기 교육과 표현 중심 쓰기 교육

'쓰기'는 사회 생활에 필요한 중요한 활동 가운데 하나이다. 우리 사회가 지식 기반 사회로 편입된 이후 그 중요성과 사회적 요구는 더욱 커지고 있다. 쓰기는 단순히 단어와 단어를 결합하여 글을 만드는 과정으로 볼 수 없다. 쓰기는 자기 표현의 수단이지만 타인과 대화하는 방식이기도 하며 사회와 소통하는 과정이기도 하다. 또한 쓰기는 주어진 문제를 적극적으로 해결하는 과정이며, 그 과정을 통해 비판 능력과 창의적인 해결 능력을 기르는 활동이기도 하다. 그러므로 쓰기는 표현 행위를 넘어서서 대화 행위, 창조적인 행위, 고등 정신 활동을 수반하는 행위로 이해해야 한다.

이 장에서는 국어 교육 내용의 한 영역인 '쓰기'의 교육적 의미와 현재까지 진행된 다양한 쓰기 이론을 살펴볼 것이다. 그리고 교육 현장의 쓰기 교육이 지닌 문제점과 함께 표현 중심 쓰기의 교육적 의의를 살펴보게 될 것이다.

· 쓰기 활동의 의미
· 쓰기 교육의 관점
· 표현 중심 쓰기 교육의 의의

1 쓰기와 쓰기 교육의 의의

1) 쓰기와 쓰기 교육의 필요성

쓰기는 자신의 생각이나 의견을 논리적인 언어로 정확하게 전달하는 행위이며, 자신의 사고를 구체화시키는 지적인 활동이다. 또한 쓰기는 어떤 상황을 접한 후 스스로 문제를 발견하고 해결하는 과정이기도 하다. 이러한 쓰기는 종적, 횡적인 사회적 장면에서 다양하게 이루어지며, 개인은 저마다가 처한 사회적 위치에 합당한 쓰기 능력을 요구받고 있다. 그러므로 쓰기 능력은 지식 기반 사회인 21세기에 더욱 절실하게 요구되는 필수 능력 가운데 하나라고 하지 않을 수 없다.

다양한 매체들이 개발되던 시기에 서구의 미래 학자들은 21세기에 들어서면 종이의 소비가 급격하게 줄어들 것이라 예견한 적이 있었다. 지구상에 더 이상 종이 문서가 존재하는 않을 미래 사회를 성급하게 내다보기도 하였다. 그러나 현실에서는 다른 양상이 전개되어 지식 정보화 사회가 진행될수록 오히려 종이의 소비가 늘어나고 있다고 한다. 이 이야기는 다양한 매체들이 개발되어도 인류 사회에서 문자(활자)가 담당하고 있는 역할을 대체하기에는 역부족이라는 것을 의미한다.

문명 사회에서 문자가 담당하고 있는 역할을 염두에 두면, 문자는 인류 역사에서 이룩한 어떤 발명품보다 더욱 숭고하다고 할 수 있다. 인류의 오랜 경험과 지식은 문자를 통해서 후세로 전달되고, 그것이 누적되어 오늘날의 문명 사회가 가능하게 되었기 때문이다.

정보가 넘쳐나는 현 시대에서 쓰기는 다른 의미로 받아들일 수 있다. 쓰기가 단순히 자신의 생각이나 의사를 표현하고 전달하는 수단이라는 인식의 단계를 넘어섰다. 지식 정보화 사회는 넘쳐 나는 지식과 정보의 바다에서 유용한 정보를 가리고 해석하는 능력을 요구한다. 그러나 이것 외에도 지식을 생산하는 능력 또한 그 필요성이 인정된다. 이런 측면에서 쓰기는 수용한 정보를 새롭게 재창조하는 과정으로 이해될 수 있다. 다시 말해서 쓰기는 필자가 받아들인 기존의 정보를 새롭게 편집하여 신지식으로 재생산하는 활동이라고 할 수 있으며, 쓰기 능력은 정보 생산 과정에 반드시 필요한 능력으로 인정받고 있다.

언어 사용 능력의 신장을 주요 목표로 하고 하는 국어과 교육이 쓰기 교육을 통해 완성된다고 볼 때 쓰기는 어느 영역보다 중시해야 할 부분이다. 특히 통합적 쓰기 교육이 대두되면서 쓰기 활동의 중요성이 더욱 폭넓게 인식되고 있다. 국어 교과는 물론 수학, 과학 및 미술이나 체육과 같은 교과에서도 쓰기 교육이 갖는 교육적 효과를 인정하고 있는 추세이다.

쓰기가 갖는 의미와 중요성은 다음 몇 가지로 정리해 볼 수 있다.

■ 자기 표현 및 의사소통의 수단

쓰기는 기본적으로 자신을 표현하는 중요한 수단이다. 자기 표현의 핵심은 자신의 사상과 감정, 경험을 정확한 언어와 효율적인 방법으로 외면에 드러내는 것이다. 정확한 언어를 구사하기 위해서는 해당 언어에 내재된 언어적 질서와 언어공동체가 규정한 언어 규범을 명확하게 준수해야 한다. 그리고 자신의 사고와 경험을 효율적으로 드러내기 위해서는 내용을 선정하여 적절하게 조직하는 능력이 필요하다.

일상적인 언어 생활에서 자기를 표현하고 타인과 의사소통하는 데에 말하기가 기본적인 수단으로 이용되지만 보다 고차원적인 정보 전달, 정보의 조직화나 논리화 측면에서는 쓰기 활동이 가지고 있는 가치와 기능에 비견될 수 없다. 특히 지식 기반 사회는 각종 기획서, 사업 보고서, 칼럼, 논문, 실용적인 글, 전문적인 글 등 개개인이 쓴 글로써 그 사람의 역량을 평가하는 경우가 많다. 그리고 이러한 글들을 통해 타인과 대화하고 사회와 소통하는 기회를 갖게 된다. 그러므로 정보화, 다변화, 복잡화된 사회에 적응하기 위해서나, 타인이나 사회와 소통하기 위해서나 쓰기 능력은 반드시 지녀야 할 능력이다.

■ 의사 결정 능력 및 문제 해결 능력 증진의 수단

필자는 글을 쓰는 과정에서 자신이나 가상의 독자와 끊임없이 대화하게 된다. 그리고 그 대화를 통해서 글의 목적이나 방향 설정, 글의 내용 구성 등과 같은 글쓰기 제반 과정에서 자기 의사 결정 과정을 거치게 된다. 글의 내용 구성을 위한 문제 파악이나 해결 방안의 탐색 과정에서는 자신을 둘러싼 세계와의 다양한 대화도 필요하다. 이 과정에서도 필자는 현실 인식의 방법, 문제 인식, 해석 방향, 해결점 도출, 내용의 조직 등 수많은 의사 결정 과정을 경험하게 된다. 글쓰기를 통한 이러한 훈련은 필자로 하여금 보다 높은 차원의 사고 과정을 가능하게 하며, 상위의 사회 활동을 영위할 기회를 제공하는 데 매우 가치 있는 경험으로 작용한다.

쓰기 활동에서 겪게 되는 수많은 의사 결정 상황에서 필자는 외부 세계나 내면 세계와 끊임없이 조우하고 자신이 직면한 문제에 대해 적극적으로 대처하는 경험을 한다. 글쓰기 전까지 필자가 직면한 문제는 다만 피상적이고 포괄적이며 추상적으로 인식될 뿐이다. 글을 쓰는 과정에 들어서서야 비로소 직면한 문제의 핵심에 접근할 수 있게 되며, 포괄적이고 추상적으로 인식되던 문제들을 보다 구체화시켜 합리적인 해결책을 도출하는 과정을 거치게 된다. 이러한 문제 해결 과정에 대한 경험이 많은 사람일수록 직면할 문제가 낯선 것이라 하더라도 별다른 어려움 없이 대처할 수 있게 된다.

■ 종합적 사고력 증진의 수단

학습자들은 쓰기 활동을 통해 외부 세계를 체계적이고 비판적으로 인식하게 되며, 인식한 정보를 재해석하고 조직화하는 과정에서 논리적 사고력과 창의적 사고력을 증진시킬 수 있다. 또한 논리적 분석 과정과 창의적이고 합리적인 해결 방안을 찾는 과정에서 필자는 종합적인 사고 활동을 하게 된다.

학습자들은 쓰기 활동을 통해서라야 자기에게 던져진 상황이나 문제에 대해 적극적으로 인식하는 단계에 들어서게 된다. 또한 다양한 시각으로 세계를 인식하는 방법을 체득하게 되며 비판적이고 분석적으로 문제를 바라보는 안목과 창의적이며 논리적으로 생각하는 힘을 기르게 된다.

이와 같이 쓰기 활동은 사고를 형성하고 체계화시키는 중요한 교육 활동이다. 이런 의미에서, 문자의 발견으로부터 비로소 문명의 발달이 가능하게 되었다고 보는 견해들과, 쓰기 활동이 인간의 종합적인 사고력을 증진하는 데 핵심적인 역할을 담당하였다고 보는 견해는 상통한다. 문화인류학적 증거들을 통해서도 언어 특히 쓰기와 사고력 형성이 뗄 수 없는 관계임이 훌륭하게 증명된다. 쓰기 활동이 왕성히 이루어지는 사회일수록 그렇지 못한 사회나 문자가 없는 사회에 비해서 사람들의 논리적 사고력과 창의적 사고력이 월등히 높다는 것은 이미 주지하는 사실이다.

■ 자아 형성 및 발달, 정서 강화의 수단

성장 시기에 있는 학습자들의 자아 형성과 발달을 위해서 쓰기는 더할 수 없이 좋은 교육 수단이 될 수 있다. 자아는 대상의 세계와 구별되어 세계를 인식하고 행동하는 주체로, 경험을 통해 형성되고 발달한다. 자아는 외부 세계와 부단히 접촉하면서 외부 세계를 체험하고 사고하며 작용한다. 그런데 글을 쓰는 것은 외부 세계를 단순히 체험하는 것을 넘어서 세계를 재해석하고 자신의 언어를 통해 재창출하는 행위이다. 결국 글을 쓴다는 것은 생산적인 활동이며, 지적이고 창조적인 활동이라고 할 수 있다.

한편 글쓰기 활동은 사람의 정서를 바람직한 방향으로 변화시키는 기능을 하기도 한다. 인간의 모든 경험은 어떤 방식으로든 정서를 포함한다. 우리가 사용하는 언어는 경험에 대한 우리 자신의 느낌, 감정, 태도 등의 정서를 계속해서 투사한다. 그런데 쓰기를 통해 투사된 정서는 주로 학습자들에게 긍정적인 정서를 강화한다는 연구 결과가 있다. 쓰기 활동을 꾸준히 한 결과 원래 수동적이며 내성적이고, 산만하거나 의기소침하며, 외로워하는 등 부정적인 정서를 가졌던 학습자들이 자신의 감정을 긍정적으로 표현하거나 외부 세계를 긍정적으로 인식하고 적극적으로 작용하는 등 긍정적인 정서를 가지게 된 사례가 많다는 사실은 흥미로운 일이 아닐 수 없다.

2) 쓰기의 이론적 관점

쓰기의 진정한 교육 목적과 교육 방법을 탐색하기 위해서는 지금까지 전개된 다양한 관점들을 먼저 점검하는 작업이 필요하다. 20세기 중반 이후의 쓰기 교육은 그 목적이나 방법의 근거를 작문 이론에서 끌어왔기 때문에, 작문 이론과 쓰기 교육은 그 발전의 궤를 같이 할 수밖에 없었다.

동서양을 막론하고 전통적으로 쓰기는 중요한 교육 방법으로 인식되었으나 쓰기의 본질에 대한 이론적인 관점은 20세기에 들어서 발전하게 된다. 이론의 발전은 대체적으로 쓰기의 의미를 개인적 활동에서 사회적 활동으로, 형식 중심에서 내용 중심으로, 결과 중심에서 과정 중심으로 확장시키는 경향을 보였다.

■ 형식주의 작문 이론

형식주의 이론은 전통적인 작문 이론이다. 형식주의 작문 이론에서는 텍스트를 중시하여, 언어의 정확한 사용을 강조하고 수사적 규칙을 강조한다.

이 이론에 의하면 글쓰기는 지식을 전달하는 수단에 불과하다. 지식이나 정보를 얼마나 정확하게 전달하였는가가 쓰기 교육의 주요 목적이 된다. 그래서 객관적인 근거를 갖추지 못한 추론과 주관적인 개입은 가급적 배제되었다.

필자와 독자의 역할도 단순하게 파악하였다. 필자는 습득한 지식의 전달자에 불과하며, 독자는 고려 대상이 되기는 하나 수동적인 수신자에 불과한 것으로 이해하였다. 결국 형식주의 이론에 의한 쓰기 교육은 글을 쓰는 사람과 그 사람이 쓴 텍스트가 관심의 대상이 되며, 그 결과 교육은 주로 모범적인 글의 모방을 위주로 이루어졌다.

형식주의 쓰기 교육에서 교수자의 역할은 간단하다. 쓰기와 관련된 단편적인 지식을 전달하고 그 결과물을 평가하는 것에 불과하다. 이론 자체가 글을 쓰는 과정에 관심을 두지 않았기 때문에 문제 해결 과정이나 사회와 소통하는 과정을 간과할 수밖에 없었다. 그 결과 교수자는 학습자들의 글쓰기 활동에 적극적으로 개입할 여지가 없다.

학습자는 모범적인 형식대로 글을 쓰도록 교육 받았으므로, 자신이 습득한 지식을 재구성한다거나 새로운 문제 발견과 스스로 해결하는 과정과 같은 역동적인 활동을 할 수 없었다.

■ 인지 구성주의 작문 이론

인지 구성주의 작문 이론에서는 개인의 작문 과정을 중시한다. 이 이론에 의하면 작문이란 역동적으로 의미를 구성하는 과정이며, 개인이 조직화한 인지적 표상을 텍스트로 옮겨 놓는 과정이다. 그래서 인지주의 작문 이론은 내용을 생성하는 과정과 고쳐쓰기의 과정을 중시한다. 또한 이 관점에서는 지식을 객관적 실체로 보는 것이 아니라 필자의 사회적 경험을 바탕으로 한 주관적 인지 작용에 의해 구성되는 것으로 이해한다. 결국 지식은 객관적으로 전달되는 것이 아니라 필자가 해당 지식을 습득하는 과정에서 개인의 경험을 바탕으로 해석하고 재구성되어야 할 대상이다.

이 이론에서는 필자를 의미의 구성자로, 독자를 의미의 해석자로 이해한다. 그러므로 필자의 역할은 습득한 지식과 정보를 그대로 전달하는 것에 있지 않고 그 의미를 재구성하는 데 있다. 마찬가지로 독자의 역할은 필자로부터 습득한 정보를 객관적으로 수용하는 데 있지 않고 습득한 정보를 해석하는 데 있다.

이 이론에 의한 쓰기 교육에서 교수자는 형식주의 관점에 의한 것보다 더욱 적극적으로 학습자의 쓰기 활동에 개입하게 된다. 지식을 해석하는 과정, 글을 쓰기 위한 아이디어 생성, 주제의 선정, 내용의 구성 등 글을 쓰는 과정 전반에서 교수자는 많은 역할을 담당하게 된다. 이런 관점에서 이루어진 글쓰기 교육은 쓰기의 결과물인 텍스트를 중시하기보다 학습자의 글 쓰는 과정을 중시한다. 결과적으로 이 이론은 글쓰기 교육에 대한 인식을 획기적으로 전환하는 계기가 되었다. 다만 쓰기 활동을 지나치게 개인적 인지 과정으로 해석한 나머지 사회적 맥락을 소홀히 하는 결과를 초래했다는 지적을 받았다.

■ 사회 구성주의 작문 이론

사회 구성주의 작문 이론은 언어학의 발달과 더불어 개발되었다고 볼 수 있다. 언어학에서 언어와 사회와의 관계를 새롭게 조명하면서 언어의 사회적 맥락이 부각되었다. 이는 쓰기를 개인적 인지 과정으로 이해한 인지 구성주의의 한계를 극복하는 과정에서 출발한 것이기도 하다. 따라서 사회 구성주의 작문 이론은 쓰기를 통해서 해당 사회 집단에 참여할 수 있게 된다는 점을 강조하였다.

특히 이 이론은 담화 공동체에서 이루어진 언어 사용의 사회적 해석에 초점을 두었다. 텍스트는 담화 공동체의 담화 관습 및 규칙의 집합으로 규정하기 때문에 작문이란 개인마다의 개별적 행위가 될 수 없으며 언어 사용 집단으로부터 작문상의 여러 제약을 받는 사회적 성격의 행위로 본 것이다. 또한 그 결과물인 글은 언어 공동체 안에서 이루어진 상호작용의 결과로 간주되며, 개인의 인지 과정을 통한 해석과 재구성은 사회적 맥락을 바탕으로 이루어진다. 결국 글의 의미 구성은 필자 혼자 담당하는 것이 아니라 담화 공동체와의 의사소통을 통해 완성되는 것으로 이해되었다.

이 이론에 바탕을 둔 쓰기 교육은 협의를 바탕으로 한 쓰기 활동을 중시한다. 교수자와 학습자, 동료 학습자와의 협의는 쓰기 활동의 기초가 된다. 이에 따라 교수자, 동료 학습자의 역할은 앞에서 설명한 두 이론보다 더욱 강화된다.

쓰기에 대한 이론적 관점을 정리하면 다음(이재승, 2002)과 같이 소개할 수 있다.

관점 영역	형식주의 작문 이론	인지주의 작문 이론	사회구성주의 작문이론
기반 철학	객관주의	주관주의	주관주의
주요 배경 이론	형식주의 문학 구조주의 언어학	인지심리학 정보처리이론	사회적 구성주의 철학, 사회언어학
관심의 초점	텍스트	개인의 의미 구성	규범, 공동체

영역 \ 관점	형식주의 작문 이론	인지주의 작문 이론	사회구성주의 작문이론
필자의 위치	의미의 전달자	의미의 구성자	담화 공동체의 구성원
독자의 위치	의미의 수용자	의미의 해석자	해석 공동체의 구성원
의미의 위치	텍스트	개인	공동체
언어 발달 과정	텍스트→개인	개인→사회	사회→개인
주요 교수 방법	모방	절차적 촉진법	협의
동료의 열할	약함	비교적 강함	강함
학습자의 역동성	약함	강함	강함
지식의 재구성	약함	강함	강함

지금까지 여러 작문 이론을 간략하게 살펴보았지만 어떤 이론이 절대적으로 옳다고 생각하는 것은 위험하다. 이론의 발달은 당시까지 인식하지 못한 것에 대한 새로운 발견으로 보아야 하기 때문이다. 따라서 쓰기 교육은 어느 한 이론에 전적으로 의지해서도 안 되며, 최신 이론을 지나치게 적용하는 태도도 바람직하지 않다. 각 이론의 장점들을 종합적으로 취합하여 체계적으로 구성하는 것이 바람직하다.

2 표현 중심 쓰기 교육의 의의

1) 쓰기 교육의 현황과 문제

쓰기는 단순히 개인적 행위를 넘어서 타인과 소통하며 사회와 소통하는 과정이다. 또한 쓰기는 사고를 표현하는 기능을 넘어서 사고력을 향상시키고 문제 해결 능력을 증진시키기도 한다. '쓰기' 영역의 이러한 중요성을 인식하면서도 우리나라 국어 교육 현장에서는 본원적인 쓰기 활동을 진행하기 어려운 실정이다. 근래에 쓰기 영역의 교육 성향은 결과 중심 교육에서 과정 중심 교육으로 전환되었지만 교육 현장에서 교과 내용을 그대로 반영하기는 어렵다. 과정 중심의 쓰기 교육은 결과 중심의 쓰기 교육보다 교수자의 역할이 상당히 중요한데, 우리의 교육 현장은 인적 한계와 시간적 한계를 극복하기 어렵기 때문이다. 이러한 한계는, 중등교육 과정이 표면적으로는 인성 교육을 목표로 하고 있지만 입시 위주의 교육이 현장에서 이루어지는 데서 비롯되었다고도 볼 수 있다. 이 과정에서 쓰기 교육은 다른 영역에 밀려 소홀히 다루어질 수밖에 없었다.

현재 대학 교육에서는 쓰기의 중요성을 재인식하고 신입생 및 사회 진출자들을 위해 쓰기 교육의 목표를 재설정하는 작업을 진행 중이며, 관련 과목 개발 등 쓰기 교육을 강화하고 있는 실정이다. 대부분의 대학 글쓰기 수업이 자신의 생각을 조리 있게 표현하는 것에서 비판력 및 체계적 사고 능력을 향상시키는 데 주안점을 두는 방향으로 선회하였다. 기초적인 쓰기 교육과 전공별 쓰기 교육을 구분하기 시작한 지는 이미 오래 되었으며, 점점 전문적이거나 실용적인 글쓰기를 강화하고 추세이다.

글쓰기에 대한 대학 사회의 인식 전환은 사회 변화로 인해 발생한 요구를 수용한 결과로 해석된다. 그러나 발달된 쓰기 교육의 이론은 대학 사회보다 중등 교육 과정에서 먼저 적용되었다. 다만 우리나라의 교육 여건상 제대로 된 쓰기 교육과 지도가 이루어지기가 어려운 실정이었으며, 그 결과 발달된 이론을 적용하였음에도 불구하고 쓰기 교육이 내세운 목표를 달성하기가 쉽지 않았다.

중등교육 과정의 이러한 사정으로 인해, 쓰기 교육이 가지고 있는 본원적인 목적을 상실한 채 상당수의 학교에서 학습자들의 쓰기 활동을 평가를 목적으로 진행하고 있다. 학습자들은 글쓰기의 중요성과 필요성을 알 수 없을 뿐만 아니라 글쓰기의 과정을 제대로 학습하지 못한 채 단지 평가를 위해서 한 편의 완성된 글을 써야 한다. 더욱이 예전에는 국어 과목에서만 쓰기를 요구했으나 이제는 사회 과목이나 과학 과목, 심지어 예체능 과목과 같이 쓰기와 직접적인 관련이 적은 과목에서도 학습자들에게 글쓰기를 요구하는 추세가 확대되고 있다.

이러한 실정에서는 학습자들이 글쓰기에 대한 흥미를 점점 잃게 될 것이 자명하며, 학습자들이 글쓰기에 대한 반감을 가지지 않는다면 오히려 다행인 상황이다. 우리는 한 중학생이 쓴 시에서 또래 집단의 학습자들이 가지는 글쓰기에 대한 심리적 부담감과 어려움을 정확하게 살펴볼 수 있다.

분량을 채워야 한다는 압박감
뒤죽박죽 섞여 있는 생각을 정리해서 글로 표현해야 하는 귀찮음
쓰려던 말을 까먹었을 때의 짜증남
머릿속에 아무 것도 없는데, 종이는 채워야 하는 공포감

(정형근, 2009)

이 시를 쓴 학생은, 글을 쓰는 적절한 과정을 알지 못하는 상황에서 평가를 위해서 글을 써야 했던 평소의 심리적 부담감을 그대로 드러내고 있다.

한 편의 글을 완성하기 위해서는 글쓰기와 관련된 다양한 역량이 필요하다. 문장 쓰기 능력, 문단 구성 능력, 글 전체를 구성하는 능력, 문장 내 문법 지식, 문장 간 문법 지식, 어휘력, 표현력, 문제를 정확하게 인식하는 비판력, 그리고 그것을 합리적으로 해결하는 논리력 및 창의력 등 너무도 많은 능력들이 고려되어야 한다.

현재 중등교육의 쓰기 교육은 사고력과 구성력을 바탕으로 하는 과정 중심의 쓰기 활동을 주요 내용으로 채택하고 있다. 예를 들어, 7차 교육과정에서 담고 있는 쓰기 영역의 체계를 보면 다음과 같다.

학년 내용범주	7학년	8학년	9학년	10학년
본질	쓰기와 말하기의 공통점과 차이점을 안다.	쓰기가 문제 해결 과정임을 안다.	쓰기가 사회・문화적 과정임을 안다.	쓰기가 의사소통 행위임을 안다.

내용범주 \ 학년		7학년	8학년	9학년	10학년
원리	글씨 쓰기				
	내용 생성	다양한 매체에서 내용을 선정하여 글을 쓴다.	토론을 통하여 내용을 생성해 글을 쓴다.	쓰기에 필요한 자료를 선별하고 정리한다.	상황에 따라 내용을 적절하게 생성하여 글을 쓴다.
	내용 조직	내용을 통일성 있게 조직하여 글을 쓴다.	일관성 있게 내용을 조직하여 글을 쓴다.	표현의 효과를 고려하여 내용의 조직 방식을 조절하며 글을 쓴다.	내용 조직의 일반 원리에 따라 효과적으로 내용을 조직하여 글을 쓴다.
	표현	다양한 표현을 사용하여 글을 쓴다.	문법에 맞게 글을 쓴다.	문체의 효과를 고려하여 글을 쓴다.	표현의 일반 원리를 사용하여 효과적으로 글을 쓴다.
	고쳐 쓰기	주제에서 벗어난 내용을 고쳐 쓴다.	문장이 자연스럽게 이어지지 못한 부분을 고쳐 쓴다.	독자, 주제, 목적을 고려하여 글을 고쳐 쓴다.	고쳐쓰기의 일반 원리를 사용하여 글을 고쳐 쓴다.
	컴퓨터로 글쓰기				
태도		글을 자주 쓰는 습관을 지닌다.	정확하게 글을 쓰려는 태도를 지닌다.	효과적으로 글을 쓰려는 태도를 지닌다.	창의적으로 글을 쓰려는 태도를 지닌다.

내용 범주를 구성하는 요소에서 표현 요소를 제외한 내용 생성, 내용 조직, 고쳐 쓰기는 과정 중심의 쓰기 활동과 관련되어 있다. 표현

요소에 대한 쓰기 활동 비중은 과거에 비해 줄어들었고, 과정 중심의 쓰기 활동이 강화된 결과이다. 이러한 내용 체계는 작문 이론 가운데 형식주의 이론보다 구성주의 이론을 적극 수용한 태도이다.

그러나 이러한 내용 체계에서는 쓰기에 대한 교수자의 적절한 능력이 요구된다. 아울러 교수자가 학습자의 쓰기 활동 전반에 개입해야 하며, 완성된 글에 대한 피드백도 이루어져야 한다. 다시 말해서 교수자와 학습자 사이에 긴밀한 관계가 형성되어야 한다. 그러나 우리나라 교육 현황에서는 이와 같은 쓰기 교육 내용을 그대로 진행하기에는 많은 무리가 있다. 교수자들이 쓰기 전반에 대한 정확한 지식을 갖추었다고 보기 어려우며, 교수자 1인당 학생 수도 쓰기 교육의 목적을 이루기에는 너무 많다. 또한 입시 위주의 교육이 이루어지는 상황에서 쓰기 교육에 할당된 시간은 불충분할 수밖에 없다.

우리는 지식 기반 정보화 사회에 살고 있다. 지식과 정보를 해석하고 재생산하는 능력은 현대 사회인이라면 지녀야할 능력이며, 이러한 능력은 쓰기 활동을 통해서 적극적으로 함양될 수 있다. 그러므로 정보화 사회가 진행될수록 쓰기 능력은 더욱 중요해질 수밖에 없다. 사회의 변화와 그에 따른 요구는 교육 과정에 반영되는 것이 일반적이다. 중등 교육에서 이루어지는 쓰기 교육의 실정을 감안하면, 향후 쓰기 교육의 목표나 과정은 우리의 교육 현실과 사회 변화에 따라 재설정될 필요가 있다. 교육 받은 학습자가 지식 기반 정보화 사회의 한 구성원으로 무리 없이 적응할 수 있는 쓰기 능력을 갖출 수 있는 실질적인 교육 방법이 필요하다.

2) 표현 중심 쓰기 교육의 필요성

쓰기 능력은 사고력, 구성력, 표현력을 근간으로 한다. 이 세 가지 요소가 조화롭게 갖추어져야만 자신의 생각을 효율적으로 전달할 수 있는 글을 쓸 수 있다. 그리고 이러한 쓰기 능력의 요소들은 어느 정도 독립성을 지니지만 점진적으로 발달한다. 그러나 이 세 요소의 신장을 종합적이며 동시에 꾀할 수는 없는 노릇이다. 이러한 교육 방법은 시간이나 노력이 많이 들며, 교육 효과도 더디기 때문이다. 더욱이 교육 효과가 더디면 쓰기에 대한 학습자들의 학습 욕구는 낮아질 수밖에 없다.

보통 글쓰기 능력이 부족한 학습자는 글 구성 능력이나 사고력의 수준도 낮지만, 표현이 빈약하며 문법 지식도 얕은 경향이 강하다. 현행 교육 과정이 과정 중심의 쓰기 활동을 강조하고 있지만 쓰기 활동에서 어려움을 겪는 학습자들은 자신의 느낌이나 경험을 전달하는 단순한 쓰기에서조차도 유사한 어려움을 겪는다. 이점은 사고력이나 구성력 이전에 표현력 자체가 갖추어지지 않았음을 의미하는 것이다. 이러한 현상은 사고력의 신장을 목표로 하고 고등 정신 활동과 전문성을 요구하는 글쓰기를 위주로 교육하는 대학에서도 동일하게 나타난다. 자신의 생각이나 경험, 감정을 정확하게 전달할 수 있는 표현력을 갖춘 학습자가 드물다고 글쓰기 교수자들은 한결같이 말한다.

현재의 쓰기 교육이 사고력이나 구성력의 신장을 목표로 한 과정 중심 쓰기 교육에 무게를 두고 있지만 그렇다고 해서 표현력이 중요하지 않은 것은 아니다. 표현 중심 쓰기 교육이 과거에 비해 상대적으로 소홀해진 것이지, 쓰기에서 차지하는 표현력의 기능이 위축된 것은 아니기 때문이다.

말하기는 구체적인 장면에서 화자와 청자 간의 직접적인 교섭을 통해서 이루어진다. 이러한 면 대 면 상황의 말하기는 표정이나 몸짓 언어와 같은 보조적인 수단이 적극적으로 이용된다. 심지어 어떤 경우에는 말이 형식적인 표현 수단이 되고 표정이나 몸짓이 실질적인 표현 수단이 되기도 한다. 반면에 글은 보조적인 수단을 이용할 수 없다. 그러므로 쓰기는 정확하고 효과적으로 표현하는 능력이 더욱 요구된다.

자신의 생각과 정서를 얼마나 효율적으로 전달하느냐 하는 문제는 쓰기의 기본적인 원리이다. 그런데 학습자들의 표현력이 빈곤하다고 교수자들이 인지하더라도 학습자들에게 동기를 부여할 마땅한 지도 방안을 갖고 있지 못한 경우가 많아서 실질적인 교육을 수행하기가 어렵다.

근래 들어 구성주의 작문 이론이 주목을 받으면서 과정 중심 쓰기 교육이 교육 현장에서 부각되고 있다. 앞에서 보았듯이 현행 중등교육 과정에서도 과정 중심의 쓰기 교육에 무게를 두고 있다. 그에 따라 과정 중심 쓰기 교육에 부합하는 다양한 지도 방안이 연구자들에 의해 개발되고, 그 결과가 교육 현장에 적용되고 있다. 과정 중심의 쓰기 교육 방안들은 시대와 사회의 변화된 환경을 수용한 교육 내용을 상당수 포함하고 있다. 그러나 표현 중심의 쓰기 교육 방안은 쓰기 교육의 중심에서 멀어진 이후 사회 변화와 학습자의 요구 내용을 반영하는 데 소홀했다. 시대가 변하고 학습자의 학습 환경이 변화된 이상 표현 중심 쓰기 교육에서도 거기에 부응할 새로운 지도 방안이 마련되어야 할 것이다.

하지만 학습자들의 호기심을 자극할 글감의 발굴이나 지도 방안을 다양하게 탐색하는 과정은 교수자들에게 부담이 될 수밖에 없다. 그렇다고 과정 중심의 쓰기 교육 위주로만 진행할 수도 없는 노릇이다. 표현력이 받쳐주지 않으면 사고력이 뛰어나더라도 그 결과를 온전히 전달하지 못하기 때문이다. 다시 말해 뛰어난 사고력을 바탕으로 하였더라도 표현력이 빈약하면 자신의 사고력은 빈약하게 변질되어 전달될 수밖에 없다. 진정한 표현은 표현 주체의 정서나 사상과 구분될 수 없다는 워즈워스(Wordsworth)의 주장처럼 표현력과 사고력은 우위를 논할 성질의 것이라 할 수 없다. 게다가 우리 사회에는 표현력을 토대로 그 사람의 지식 정도나 소양을 가늠하는 풍토가 여전히 존재한다는 점에서도 표현 중심의 쓰기 교육이 필요한 이유를 찾을 수 있을 것이다.

그런데 표현 중심 쓰기 교육은 과정 중심 쓰기 교육보다 여러 면에서 학습자를 지도하기가 까다로운 면이 있다. 사고력이나 구성력의 교육도 그러하지만 표현력 지도는 일 대 다수로 교육하기가 더욱 어렵다. 학습자들 간에 존재하는 표현력의 편차는 일괄적인 쓰기 교육을 진행하는 데 많은 장애가 된다. 교실 수업에 적용할 수 있는 효과적인 지도 방안을 찾기가 그만큼 더 어렵다는 말이기도 하며, 교수자는 눈과 손과 발을 더욱 부지런히 움직여야 한다는 의미이기도 하다.

그리고 표현 중심 쓰기 지도는 과정 중심 쓰기 지도보다 교육해야 할 내용이 세세하다. 문장이나 문단과 같은 표현 단위별 쓰기 지도뿐만 아니라 여러 가지 수사적인 기교나 설명 방식, 문장의 문법 등 생각을 글로 표현하는 기교적이고 형식적인 성격이 강하기 때문이다. 더욱이 표현 중심의 쓰기 활동은 글의 형식을 지도하는 내용이 주를 이루기 때문에 학습자들 입장에서는 사고를 바탕으로 하는 과정 중심의 쓰기 활동보다 표현 중심의 쓰기 활동을 지루하게 인식하는 경향이 있다.

그러므로 표현 중심 쓰기 교육은 세세한 교육 내용을 담을 수 있는 다양한 지도 방안의 개발과 더불어 학습자에게 지루함을 덜 주면서 흥미를 유발할 수 있는 글감이나 지도 방안에 대한 탐색이 따라야 할 것이다.

이런 취지에서 '표현 중심 쓰기 교육 방법'은 중등 교육에서 선정한 표현의 원리 내용을 담으려고 노력하였으며, 표현 범주와 관련된 고쳐쓰기 범주와 내용 조직 범주를 일부 포함하였다. 이 책에서 소개하는 다양한 지도 방안들을 교육 현장에서 빠짐없이 수행하기에는 여러모로 무리이다. 교육 현장의 상황을 고려하지 않을 수 없기 때문이다. 만약 교수자가 교육 현장에서 표현 중심의 쓰기 지도를 하게 된다면, 현장의 상황 · 지도해야 할 내용 · 학습자들의 수준 등을 고려하여 선별적으로 이용하는 방법이 바람직하다.

PART 2

표현 단위를 중심으로 지도하기

문장과 문단은 생각을 표현하는 단위이자 글을 구성하는 단위이다. 표현이란 어휘를 통해서도 가능하지만 그것은 어디까지나 단편적인 표현에 불과하다. 따라서 생각을 표현하는 최소 단위는 문장인 셈이다. 문장이 생각의 가닥가닥이라면, 문장이 모인 문단은 가닥가닥의 묶음으로 이루어진 생각의 덩어리이다. 그리고 생각의 묶음들이 모여 전체 글을 이룬다. 그래서 문장이 어색하면 문단이 자연스럽지 못하고, 나아가 전체 글의 흐름이 엉망이 된다. 따라서 쓰기 능력 향상을 위해서는 문장과 문단의 기능을 정확히 익힌 후 단위별로 사고의 내용을 효과적으로 표현하는 연습이 필요하다.

이 장에서는 생각을 표현하는 단위 중심으로 쓰기를 지도하는 방법을 소개한다. 각 연습 과정은 그 교육 내용과 기대 효과를 설명하고 실제 글쓰기 지도에서 활용할 수 있는 방법을 소개하기로 한다.

· 문장 쓰기의 지도 내용과 교육의 효과
· 문장 단위의 다양한 쓰기 활동
· 문단 쓰기의 지도 내용과 교육의 효과
· 문단 단위의 다양한 쓰기 활동

3 문장 쓰기

1) 문장 쓰기의 의의

(1) 문장의 개념과 기능

일반적으로 문장을 '생각이나 감정을 말로 표현할 때 완결된 내용을 나타내는 최소 단위'로 정의한다. 이 정의 방법에 문장이 지닌 일반적인 문법 속성을 부각시키면 '주어와 서술어를 갖춰 내용을 완결하는 최소 단위'로 정의할 수도 있다. 일상에서는 주어가 없는 문장을 자주 읽을 수 있는데, 언어학적 관점에서는 이러한 문장을 주어가 '생략'된 것으로 설명한다. 한편 글쓰기 분야에서는 문장을 보통 '하나의 생각을 표현하는 완결된 최소 단위'로 정의한다.

같은 용어라도 쓰이는 곳이 다르면 정의 방법이 달라지는 것이 일반적이다. 분야에 따라 그 용어를 바라보는 관점이 동일할 수 없기 때문이다. 글쓰기 분야에서 위와 같이 정의하는 이유는 문자 언어 생활에서 문장이 담당한 기본적인 두 역할을 강조해 반영한 결과라고 볼 수 있다. 그 역할이란 '하나의 문장은 하나의 생각을 표현해야 한다'는 것과 '표현하는 내용을 완결해야 한다'는 것이다. 그런데 후자에 포함된 '완결성'은 다른 분야에서 내린 정의 방법에도 포함돼 있으므로, '완결성'은 문장이 가진 기본적인 속성이라고 할 수 있다. 그러므로 글쓰기 분야의 입장이 적극적으로 투사된 쪽은 '하나의 문장은 하나의 생각을 표현해야 한다'는 기능이다.

그런데 이 기능은 문장을 표현하는 원칙이기도 하다. 하나의 문장에 하나의 생각을 담아야 한다는 원칙은 사실 정보를 생성하고 수용하는 과정을 반영한 것이다.

글을 통해 진행되는 의사소통 상황에서 필자의 생각이 효율적으로 전달되기 위해서는 하나의 생각을 하나의 문장으로 표현하는 것이 바람직하다. 일기나 메모를 제외하면, 우리가 쓰는 대부분의 글은 누군가에게 내용을 전달하는 특성을 띤다. 그 내용은 의견일 수도 있고, 감정일 수도 있고, 지식일 수도 있다. 그리고 이와 같이 내용 전달은 의사소통 상황을 전제로 한다. 그런 점에서 문장에 대한 여러 정의 방법들보다 글쓰기 분야에서 내린 정의 방법이 의사소통의 효율성이라는 측면에 무게를 두었다고 할 수 있다.

그런 측면에서 이 원칙은 문장 작성 과정에서 반드시 지켜야 할 성질의 것은 아니다. 한 문장에 두 개의 생각을 담을 수도 있고, 세 개의 생각을 담을 수도 있다. 이렇게 작성된 문장이라고 해서 의사소통 과정에서 내용을 전달하는 데 큰 문제가 있는 것은 아니다. 심지어 작가들이나 글을 전문적으로 쓰는 사람들도 이 원칙을 반드시 지키지는 않는다. 이들이 이 원칙을 지키지 않고도 자신의 생각을 원하는 바대로 전달할 수 있는 이유는 문장 작성의 원칙을 넘어서는 뛰어난 문장력을 갖추었기 때문이다.

그러므로 이 기능의 핵심은 내용 전달의 효율성에 있다고 볼 수 있다. 자신의 생각을 정확하게 전달하기 위해서는 하나의 문장에 하나의 생각을 담는 것이 유리하다는 의미이다.

한편 글쓰기가 능숙하지 못한 사람들은 자신의 생각을 문장화해 전달하는 데 많은 어려움을 겪는다. 생성되는 정보의 크기를 문장 단위로 구분하는 것도 어려워하며, 자연스럽게 문장을 연결하거나 종결하는 것도 어려워한다.

따라서 문장 쓰기 교육의 핵심은 바로 문장의 기능을 정확하게 지도하는 것이다. 학습자들이 자신의 생각을 다양한 길이와 올바른 방법으로 문장화할 수 있도록 지도하는 데 문장 쓰기 교육의 목적을 두어야 할 것이다.

글에서 문장이 담당한 역할은 결코 가볍지 않다. 좋은 문장을 쓰지 못하면 좋은 글을 쓰기가 어렵고, 좋은 글에는 불편한 문장이 없다. 그래서 글을 잘 쓰는 사람도 문장 쓰기에 많은 노력을 기울이며, 글쓰기 능력을 갖추길 바라는 사람도 문장 쓰기부터 연습한다.

지금이야 글쓰기에서 문장 쓰기가 갖는 위상이 과거에 비해 낮아졌지만, 예로부터 좋은 글에 대한 판단은 문장이 기준이었으며 글 짓는 능력 또한 문장 작성이 기준이었다. 문장이 포함된 말 가운데 '문장력'과 '문장가'라는 단어가 있다. 이 단어들을 각각 '글을 짓는 능력'과 '글을 뛰어나게 잘 짓는 사람'으로 사전에서 풀이하고 있다. 심지어 '문장'이라는 단어 자체에 '글을 뛰어나게 잘 짓는 사람'이라는 의미가 포함돼 있기도 하다. 글을 잘 쓴다는 의미를 좋은 문장을 쓰는 능력으로 받아들였으며, 좋은 글은 좋은 문장에서 비롯되는 것으로 인식했음을 이 세 단어를 통해 확인할 수 있다.

글에서 차지하는 문장의 기능이 결코 작다고 볼 수 없는 다른 예를 보자. 우리가 한 권의 책을 읽거나 한 편의 영화를 보고 감동을 받더라도 나중에 기억에 남는 것은 한 문장의 내용, 배우의 대사 한 마디, 또는 한 장면의 영상 이미지인 경우를 자주 경험한다. 글을 전문적으로 쓰는 사람들은 수많은 내용을 전달하더라도 핵심적인 내용은 하나의 문장으로 처리하는 경우가 많다. 또한 만연체의 글에서도 핵심적인 내용은 간결한 한 문장으로 전달하는 게 일반적이다. 사람들의 심금을 울리는 하나의 문장은 몇 장의 글보다 몇 권의 책보다 더 큰 효과를 발휘하기도 한다.

그러므로 문장 쓰기 지도를 소홀히 할 수 없는 이유가 여기에 있다. 좋은 글을 쓰기 위해서는, 자신이 생각을 정확하게 전달하기 위해서는 문장 쓰는 훈련이 돼 있어야 한다.

(2) 교육 효과

학습자는 문장 쓰기 활동을 통해 다음과 같은 효과를 거둘 수 있다.

첫째, 자신의 생각을 정확하게 문장화할 수 있다.
둘째, 표현할 내용의 크기와 문장의 길이를 자유롭게 조정할 수 있다.
셋째, 자신의 생각을 다양한 표현으로 문장화할 수 있다.
넷째, 문장의 문법을 익힐 수 있다.

문장 쓰기 교육에서 우리가 염두에 두어야 할 중요한 목표는 학습자들이 자신의 생각을 정확하게 문장화할 수 있도록 지도하는 것이다. 아울러 생각의 흐름을 제때에 끊을 수 있도록 지도하는 것이다. 생각을 정확하게 문장으로 표현하는 능력은 생각의 덩어리를 문단으로 표현하는 능력으로 확대될 수 있고, 전체 글을 구성하는 능력으로 확장될 수 있다. 그러므로 자신의 생각을 정확하고 자유롭게 문장으로 나타내는 연습은 글쓰기 능력의 향상을 위한 첫걸음이라 할 수 있다.

글쓰기를 지도하다 보면 많은 학습자들이 짧은 문장의 연속으로 글을 구성하거나, 서너 줄의 긴 문장을 쓰는 것을 자주 보게 된다. 짧은 문장으로만 글을 구성하는 학습자들의 심리 저변에는 자신의 생각을 완결된 문장으로 표현하기를 귀찮아하는 습관이 있다. 그래서 이런 학습자들은 머릿속에 떠오른 생각의 파편들을 그때그때 짧은 문장으로 만들어 나열하게 된다. 극단적으로는 최소의 문장 성분이 필요한 문형만을 고집하는 학습자도 있다. 이런 글들은 생각의 정리 과정을 거쳐서 나왔다고 볼 수 없으며, 이런 문장으로 이루어진 글은 내용 구조라고 할 수 있는 것이 없이 그 전개가 단선적 나열에 불과하다. 다시 말해 글이 입체적이지 못하고 평면적이다.

반면에 몇 개의 기본 문장이 합쳐진 복문의 긴 문장을 쓰는 학습자들은 머릿속에 일어나는 생각의 흐름을 효율적으로 끊어주지 못하는 경우이다. 물론 생각을 문장화하는 데 특별히 노력하기 귀찮아한다는 점에서는 짧은 문형으로 글을 쓰는 학습자와 동일하다. 그러므로 교수자는 문장 쓰기의 다양한 교육을 통해서 생성된 정보의 크기를 자유자재로 문장화해 전달할 수 있는 능력을 개발해 주어야 한다.

한편 문장 내의 문법적 정확성이 지켜져야 '글다운 글'의 최소 조건이 갖추어진다. 글쓰기에 능숙하지 않은 학습자들이나 한국어를 배우는 학습자들의 문장에서 어색한 표현을 많이 발견하게 되는데, 어색하다고 느끼는 대부분은 문장 내부의 문법성이 어긋난 경우이다. 학습자들의 글을 연구한 결과(황재웅, 2007)에 의하면 학습자들은 문장 구사에 큰 어려움을 겪으면서 결국 소통에 장애를 초래할 정도로 부적절한 문장을 양산해 낸다고 한다. 이 연구 결과는 문법적 정확성을 교육하기에 문장 쓰기가 적절한 방법임을 암시한다.

학습자들은 국어 문법을 지루하게 느끼기 마련이며, 문법 교육을 독자적으로 수행해서는 그 효과를 크게 기대하기 어렵다. 학계에서도 문법 교육의 이러한 한계를 인식하고 문법 교육을 국어과의 다른 영역과 통합하는 연구 방법을 꾸준히 탐색하였다. 그 결과로, 7차 국어과 교육과정의 문장 쓰기는 문법 교육과 통합하는 차원에서 적극적으로 이루어졌다. 따라서 문장 지도의 한 내용으로 문법 교육을 포함시키는 것은 당연하다.

2) 쓰기 활동의 실제

(1) 문장 나눠 쓰기

지도 내용 및 교육의 효과

문장 나누기는 문장의 일차적인 기능을 학습시키는 연습임과 아울러 정보를 수용할 독자를 배려하는 쓰기 연습이기도 하다. 문장은 완결된 사고를 표현하는 최소 단위이다. 문장이 제대로 나누어져 있지 않은 글들을 보면 하나의 문장에 여러 개의 사고 과정들이나 정보가 들어 있다. 그래서 비정상적으로 긴 문장들로만 구성된 글을 읽게 하면 학습자들은 글의 내용을 제대로 이해하지 못하는 경우가 많다. 쓰기나 읽기에서 정보를 생성하고 수용하는 기본적인 단위는 전체 글이나 문단이 아니라 문장 크기의 길이라고 보아야 한다.

그래서 문장 나누기는 정보의 생성을 효율적으로 관리하는 요령을 습득하는 연습이며, 생성된 정보들을 논리적으로 배열하는 연습이라고 할 수 있다. 논리성이 떨어지는 글들의 대부분은 문장 나누기가 제대로 이루어져 있지 않다.

글쓰기를 어려워하는 학습자들 중 상당수가 문장을 제대로 나누기가 어렵다고 호소한다. 이 말은 생성할 정보의 크기를 적절하게 조절할 수 있는 능력이 학습자들에게는 부족하다는 의미로 이해되며, 많은 학습자들이 생성한 정보를 논리적으로 배열하는 데 익숙하지 않다는 것으로 풀이된다. 그래서 문장 단위로 생각을 정리하고 논리적으로 재배열하는 과정은 글의 논리력을 구축하는 하나의 방법이 될 수 있다.

문장 나누기의 또 다른 효용성은 비문법적인 글의 생성을 줄일 수 있다는 데 있다. 문법적 지식이 있는 사람이라 하더라도 문장이 길어지면 문장 성분 간의 호응 관계가 어긋날 때가 있다. 그것은 정보의 생성 크기와 문장의 크기가 일치하지 않기 때문인데, 글쓰기가 능숙한 전문인들은 문장의 호흡이 길어지더라도 비문법적인 문장을 거의 생성하지 않는다. 정보의 크기와 상관 없이 문장의 호흡을 조절할 줄 아는 능력을 갖추고 있다는 뜻이다.

문장 나누기를 지도하기 위해서는 의도적으로 길게 만든 하나의 문장을 선정할 필요가 있다. 그리고 그것을 학습자들에게 제시한 후 학습자 본인들이 스스로 문장을 나누도록 지시한다. 학습자들은 다섯 줄, 여섯 줄이나 되는 하나의 문장을 여러 개의 문장으로 나누는 과정에서 문장을 적절하게 나누어야 하는 당위성을 알게 됨과 아울러 생각을 논리적으로 재배열하는 연습을 하게 된다. 생각을 논리적으로 배열하는 연습은 독자의 측면에서 이루어지게 된다. 이것이 연습되면 학습자들은 글을 쓸 때 문장 나누기의 중요성을 인식하고 문장을 효율적으로 나누려는 의지를 보이게 된다.

문장 나누기 연습을 위해서는 교수자가 의도적으로 여러 개의 문장으로 이루어진 하나의 단락을 하나의 문장으로 합쳐 놓은 제시문이 필요하다. 그리고 문장 나누기는 기초 연습과 심화 연습의 두 단계로 진행하는 것이 효율적이다. 따라서 제시문도 두 개의 종류로 구성하는 것이 좋다. 또한 문장 나누기는 조별 활동이 적당하다. 동료 학습자의 글을 첨삭하면서 자신의 글과 비교시키고, 문장을 어떻게 나누는 것이 더욱 효율적인지 학습자 스스로에게 묻도록 한다.

기초 연습은 문장의 기본적인 기능을 익히고 문장을 나누어야 하는 필요성을 인식시키는 단계이다. 학습자들은 문장 나누기를 하면서 문장의 여러 가지 기능을 동시적으로 생각하는 데 어려움을 느끼기 때문이다. 그래서 기초 연습 과정에서는 하나의 문장이 하나의 생각을 담아야 한다는 것과 문장 내 문장 성분 간의 호응 관계를 지켜야 한다는 것을 중심으로 연습시킨다. 기초적인 연습을 위해서는 다섯 줄 내외의 문장이 적당하다.

기초 연습을 통해서 문장의 기본적인 기능을 익히게 되면 문장의 다양한 기능을 학습할 심화 연습이 필요하다. 본격적인 연습을 위해서는 10줄 내외로 구성된 긴 문장이 필요하다. 그리고 학습자들에게 제시할 글은 논리성을 전제로 한 내용이면 더욱 좋다. 내용을 구분하여 조직하고 논리적으로 문장을 배열하는 연습에는 논리적인 글이 유용하기 때문이다. 그리고 글의 구조가 단순 나열적인 것보다 조금 복잡한 것이 제시문으로 적당하다.

학습자들이 문장 나누기를 끝마치면 동료와 서로 바꾸게 하고 동료는 어떻게 문장을 나누었는지 확인시킨다. 그리고 그 과정에서 자신의 것과 비교하여 동료의 문장 나누기가 어떤 점에서 잘 되었는지, 부족한지를 스스로 판단하도록 시킨다. 이 과정에서도 앞에서 제시했던 조건들을 다시 환기시킨다.

문장 나누기의 교육적 효용성을 요약하면 다음과 같다.

- 글을 통한 의사소통 과정에서 사고를 문장 단위로 생성시켜 표현하는 연습이 가능하다.
- 사고의 표현 과정뿐만 아니라 정보를 수용하는 과정도 문장 단위로 이루어짐을 이해할 수 있다.
- 문장 성분의 호응, 단어 호응 등과 같은 문장 내부에서 지켜야 할 문법의 연습이 가능하다.
- 접속어와 지시어의 정확한 사용 등을 익히게 하고 문장과 문장 사이를 자연스럽게 연결시키는 연습이 가능하다.
- 글의 내용을 문장을 통해 논리적으로 재배열하는 연습이 가능하다.

지도의 실제

※ 다음 글은 문장을 구분하지 않아 하나의 문장이 하나의 문단을 형성한 경우이다. 글이 담고 있는 내용을 잘 파악한 후, 그 내용이

효율적으로 전달될 수 있도록 아래 사항에 유의하며 문장을 적절하게 나누어 보자.

■ 문장 나누는 방법에는 정답이 없다.
■ 정답을 찾으려 하지 말고 독자의 측면에서 이해하기 쉽도록 문장을 나눈다.
■ 문장 나누기를 할 때 문장 간의 자연스러운 연결을 고려해야 한다.

한 쌍의 남녀가 만나 결혼을 하여 한 가정을 이루고 그 사이에 자식을 낳아 생을 영위해 가는 그런 모든 과정에서 남녀가 자연스럽게 만나고 서로 동화하면서 건전한 사회 생활을 해 나가고 것들을 보면서 인위적으로 남자반, 여자반 나누어서 수업하는 것보다는 초등학교처럼 남녀의 적당한 성비 균형을 이룬 합반 편성 수업을 하는 것이 좀 더 바람직하다고 생각한다.

도움말 간혹 제시문 사이에 사선을 긋는 것으로 문장을 나누는 학습자가 있는데, 직접 쓰면서 문장 하나하나를 나누도록 지도해야 한다. 사선을 그어 문장을 나누는 방법으로는 문장 나누기 연습에서 목표한 효과를 기대하기 어렵다. 문장 간의 자연스러운 연결은 서술어 처리에서 대부분 해결되기 때문이다. 어떠한 어미들을 사용해야 하는가, 어떤 접속어를 사용해야 하는가를 직접 고민하고 해결하도록 학습자들에게 요구하는 것이 이 연습의 주안점이다.

> 한국 영화가 따뜻해지고 있는데 날카롭고 살벌하던 기색은 줄어들었으며 감동과 희망을 더 많이 담는 쪽으로 변화하였으나 구체적인 변화인지 가늠하기 어렵고 이전과 다른 경향인 것은 분명하기 때문에 이것은 영화 자체의 변화이기도 하지만 관객의 선택이 달라지고 있다는 의미가 더 크다.

도움말 앞의 문제도 그러하지만, 문장을 나누기 전에 학습자들에게 전체 글의 맥락을 짚어 보라고 요구하는 것이 좋다. 그리고 어디에서 문장들을 나누는 것이 글의 논리적 전달을 위해서 효율적인지를 판단하게 한다.

※ 다음 글은 문장을 구분하지 않고 하나의 문장으로 하나의 문단을 형성한 경우이다. 글이 담고 있는 내용을 잘 파악한 후, 그 내용이 효율적으로 전달될 수 있도록 아래 사항에 유의하며 문장을 적절하게 나누어 보자.

- 문장을 나누는 과정에서 비문법적인 부분이나 문장 성분의 호응이 어긋난 부분이 없도록 적절하게 수정한다.
- 긴 문장이 담고 있는 내용의 구조를 고려하면 문장 나누기를 보다 쉽게 할 수 있다.

인터넷을 통한 정치 참여로 인해 시간과 장소, 비용의 한계를 극복하게 했고 정치에 관한 시민들의 빠른 정보 획득과 정보 교환도 활발하게 함으로써 일부 시민들만 알고 있었던 정보를 더 널리 공유하게 되고 소위 어른들만의 것으로 여기고 정치에 대해 잘 알지 못했던 아이들은 자연스럽게 배제된 채 행해졌던 정치가 인터넷이라는 매체로 인해 더 많은 사람들의 정치 참여가 가능해졌음에 공인했음은 물론 시민 사이의 의견 교환도 더 활성화되어 오프라인이 아닌 온라인상에서의 또 다른 여러 공론장이 형성되어 참여민주주의를 발달시켰으니 그간 정치를 무관심한 대상으로만 여겨왔던 국민들로 하여금 정치란 결코 무관심한 대상이 아니라 국민들의 여론을 반영해야 하는 것임을 깨닫고 실천하게 만들어준 계기가 되었기에 적어도 나는 이를 디지털 세상의 그림자로 여기고 싶지는 않다.

도움말 이 제시문은 앞의 제시문보다 분량이 길다는 점에서 학습자들이 어려워할 수 있다. 하지만 그보다는 글의 구조를 분명하게 풀어내기가 쉽지 않다는 점이 학습자 입장에서는 더 어려운 문제일 수 있다. 그러므로 학습자들이 글의 구조나 문맥을 파악할 수 있는 시간적인 여유를 주는 것도 한 방법이다. 1차적으로는 문장을 나누는 연습이지만 궁극적으로는 문단 내용의 흐름을 자연스럽게 만들기 위한 연습이기 때문이다.

인터넷이 성하면서 책읽기 풍속이 달라졌는데, 책이야 당연히 종이로 만드는 것이지만 인터넷이 요란을 떨면서 '종이 책'이라는 생소한 말까지 생겨났고, 그 결과는 더욱 한심한 것이어서 젊은이들로 하여금 종이에 기록된 문학은 낡은 것이라는 생각을 갖게 하였고 인터넷으로만 읽을 수 있는 여러 전자신문이 기승을 부리면서 '종이 신문'이라는 어색한 용어가 생겨나고, 그것은 마치 보수 측에 속하는 낡은 사람들이 읽는 아주 편파적인 것처럼 비하되기도 하는 분위기에서 지식과 정보는물론, 교양을 높이는 모든 과정이 인터넷을 통해야 하고, 또 네티즌들이 인터넷에 접속하는 방법으로만 가능할 것이라고 생각하게 될 위험이 있어 실로 정신적인 공황을 자초하는 것이나 다름이 없다.

도움말 이 제시문은 앞의 제시문과 분량이 비슷하지만 글의 구조가 상대적으로 간명하다는 점에서 학습자들에게 보다 쉬울 수 있다. 구조를 '현재의 상황-두 가지 매체에 대한 인식 소개-주장'으로 파악하면 문장을 어디에서 나누어야 할지 보다 명확해진다.

(2) 문장 이어 쓰기

지도 내용과 교육의 효과

문장 이어 쓰기는 문장과 문장을 연결하는 연습이되, 선행하는 문장과 내용이 자연스럽게 이어지도록 연결하는 것이 관건이다. 문장을 자연스럽게 연결하는 방법에는 몇 가지가 있다. 앞의 내용을 더욱 구체적으로 풀이하는 방법으로 문장을 이어 쓸 수 있고, 선행하는 문장의 내용에 대한 이유나 원인을 추가하는 방법으로 문장을 이어 쓸 수 있다. 또한 선행 문장이 담고 있는 내용과 유사한 내용을 이어 쓰는 것으로 문장을 연결하기도 한다.

이런 방식으로 문장과 문장을 연결할 때는 그 연결 양상에 따라 적당한 접속어나 접속 표현을 사용한다. 앞의 내용에 대해 보충 설명하거나 예를 들어 문장을 이어 쓸 때는 '곧, 예컨대, 말하자면, 다시 말해서, 가령' 등이 사용된다. 앞의 내용에 대해 비슷한 내용을 열거할 때는 '그리고, 또한, 아울러, 더불어' 등을 사용한다. 앞의 내용을 부정하거나 반대되는 내용으로 문장을 이어 쓸 때는 '그러나, 하지만, 그와 반대로, 그럼에도 불구하고' 등의 접속 표현이 필요하다. 그밖에 화제를 전환할 때는 '그런데, 어쨌든, 한편' 등이, 이유나 원인이 되는 내용으로 이어 쓸 때는 '왜냐하면, 그 이유로' 등이, 앞의 내용에 대한 결과이거나 결론이 되는 내용으로 이어 쓸 때는 '그러므로, 결국, 따라서' 등이, 앞에 기술된 내용에 조건이나 단서가 되는 내용으로 이어 쓸 때는 '다만, 단' 등이 사용된다. 그러므로 학습자는 문장을 자연스럽게 이어 쓰는 연습을 통해 접속 표현의 올바른 사용법을 익힐 수 있다.

그러나 문장 이어 쓰기의 궁극적인 목적은 하나의 문장을 시작으로 내용을 계속 전개해 나가는 방법을 익히는 데 있다. 문장은 하나의 생각을 담지만 그 문장은 다른 문장과 더해져 생각의 표현이 더욱 구체화된다. 그런 점에서 문장 이어 쓰기는 하나의 문장으로 단락을 펼쳐 나가는 방법을 익히는 연습이기도 하다. 따라서 글을 쉽게 전개시키지 못하는 학습자에게 유용한 연습이 될 수 있다. 하나의 문장을 시작으로 내용을 전개해 문단을 꾸리는 방법은 문단 쓰기 과정에서 다시 연습하게 된다.

- 문장을 이어 쓰는 연습을 통해 내용을 자연스럽게 연결하는 방법을 익힐 수 있다.
- 내용 연결의 한 방법으로 다양한 접속 표현의 올바른 사용법을 익힐 수 있다.
- 하나의 문장으로 문단을 전개시키는 방법을 익힐 수 있다.

지도의 실제

※ 다음 제시된 문장과 내용이 긴밀하게 연결되도록 밑줄 친 부분에 하나의 문장으로 이어 써 보자.

방학이 기다려진다. 그래서 ____________________

____

방학이 기다려진다. 그리고 ____________________

____

방학이 기다려진다. 그러나 ____________________

____

방학이 기다려진다. 왜냐하면 ____________________

____

방학이 기다려진다. 그런데 ____________________

____

청소년은 꿈을 가져야 한다. 그래서 ______________________

____

청소년은 꿈을 가져야 한다. 그리고 ______________________

____

청소년은 꿈을 가져야 한다. 그러나 ______________________

____

청소년은 꿈을 가져야 한다. 왜냐하면 ______________________

____

청소년은 꿈을 가져야 한다. 그런데 ______________________

____

정부는 국민의 소리를 들어야 한다. 그래서 ________________

____

정부는 국민의 소리를 들어야 한다. 그리고 ________________

____

정부는 국민의 소리를 들어야 한다. 그러나 ________________

____

정부는 국민의 소리를 들어야 한다. 왜냐하면 ________________

____

정부는 국민의 소리를 들어야 한다. 그런데 ________________

____

도움말 이 연습은 표면적으로는 문장을 자연스럽게 이어 쓰는 방식을 익히는 연습이지만, 궁극적으로는 하나의 문장을 출발점으로 해서, 생각을 이어 주고 내용을 전개하는 과정을 통해 그것을 문단으로 확대시키는 연습이기도 하다. 그런데 학습자 중에는 내용만 이어지면 된다는 생각으로 형식만 갖춘 아주 간단한 문장, 기본적인 성분으로 구성된 짧은 문장으로만 채워 쓰는 경우가 자주 있다. 물론 이렇게 문장을 이어 쓴다면 이 연습이 추구하는 궁극적인 효과를 거둘 수 없다. 그러므로 교수자는 학습자들이 접속 표현의 기능에만 관심을 두어 문장을 형식적으로 작성하지 않도록 지도하는 것이 바람직하다.

(3) 문장 합쳐 쓰기

교육 내용 및 기대 효과

문상 나누기가 문장이 갖고 있는 정보 생성의 기능을 익히고 생각과 정보를 간명하게 전달하기 위한 연습이라면, 문장 합쳐 쓰기 연습은 정보 생성의 크기와 문장 길이의 조정 능력을 향상시키는 것을 목표로 한다. 다시 말해서 사고와 정보의 언어화 절차를 자유롭게 조절하기 위한 연습이라고 할 수 있다.

문장은 간결할수록 좋다는 말이 있지만, 간결하게 쓰라는 말과 짧게 쓰라는 말은 정확하게 일치하는 개념이 아니다. 오히려 학습자들이 짧은 문장으로만 글을 쓰다 보면 사고력을 신장하는 데 많은 제한을 받게 된다. 표현이 짧을수록 논리성과 표현력이 극도로 제한될 수밖에 없기 때문이다.

특히 요즘 학습자들은 휴대폰이나 인터넷 등 매체 사용의 기회가 빈번해지면서 매체 특성상 비정상적으로 짧은 문장을 구사하는 것이 생활화되었다. 그런 작법이 일상화되면 사고력이나 논리력, 표현력이 빈약해지는 것은 예상할 수 있는 일이다. 그래서 생성되는 정보의 크기를 자유자재로 조절하여 언어 형식으로 바꾸는 방법인 문장 합쳐 쓰기 연습이 필요하다.

학습자는 문장 합쳐 쓰기를 통해서 내용을 정확하게 문장화하는 방법을 익힐 수 있다. 겹문장 형성 방법과 문장의 여러 구조를 익히게 될 것이다. 학습자들은 주어진 홑문장들을 합치는 과정에서 문장들을 대등하게 합칠 것인가, 종속적으로 합칠 것인가, 안은 문장의 형식으로 합칠 것인가를 고민하게 되고, 그것을 통해 문장의 구조를 자연스럽게 익힐 수 있다. 또한 그 과정에서 어미의 정확한 사용 방법, 수식의 방법, 지시어 사용 방법도 익힐 수 있다.

문장 합쳐 쓰기가 능숙해지면 사고의 표현이 보다 자유로워지질 수 있다. 한 문장에 담을 정보의 크기를 조절하는 능력이 길러지면 글쓰기에 대해 느끼는 학습자들의 어려움이 한결 줄어들 수 있다.

- 홑문장을 합쳐 겹문장을 형성하는 과정을 익힐 수 있다.
- 문장의 구조를 익힐 수 있다.
- 한 문장에 담을 생각의 크기를 조절할 수 있다.
- 문장 길이의 능숙한 조정을 통해 생각을 보다 자유롭게 표현할 수 있다.

🍎 교육의 실제

※ 다음에 제시하는 문장들을 하나로 합치되 자연스러운 문장이 되도록 써 보자.

■ 수다쟁이 말에는 알맹이가 없다. 좋은 문장은 간결하다.

■ 그는 물건을 만드는 재주가 좋다. 사람들은 그가 만든 물건을 보고 감탄했다.

■ 그는 박자를 자주 놓친다. 그러나 그는 영혼을 담아 노래를 부른다. 그의 노래를 들은 사람들은 한결같이 감명을 받는다.

■ 나는 전화벨 소리에 잠에서 깼다. 전화벨 소리는 내 신경을 자극했다. 전화벨 소리는 시끄러웠다.

■ 김씨는 도로 공사장에서 일했다. 김씨는 화분의 받침대로 쓸 돌을

공사장에서 구했다. 김씨가 구한 돌은 신라 시대의 비석이었다.

■ 그 공간은 협소하다. 그 공간 위에는 철제 테이블 두 개가 놓여 있었다. 철제 테이블 위에는 책꽂이가 놓여 있었다. 책꽂이에는 여러 개의 서류철들이 꽂혀 있었다.

도움말 이 연습은 여러 개의 문장을 하나의 문장으로 만드는 훈련이지만, 그렇게 만들어진 문장은 자연스러운 내용을 담고 있어야 한다. 연결 어미의 정확한 사용이나 다양한 수식 방법 등의 지도를 통해 여러 개의 문장을 자연스러운 하나의 문장으로 재구성할 수 있도록 지도할 필요가 있다.

※ 다음 제시문의 문장들은 필요 이상으로 짧게 만들어졌다. 내용이 선명하게 드러나고 전체 글의 호흡이 자연스럽도록 필요한 부분의 문장들을 하나의 문장으로 조정해 다시 써 보자.

논술시험을 준비하는 학생이 있다. 고전과 유명 소설들을 읽어 봤냐고 물었다. 소설을 읽지 않았다고 한다. 소설에 대한 배경지식만 외웠다고 한다. 시험에 나올 만한 지식만 찍어서 공부한 것이다. 책을 읽고 자기 것으로 만드는 일을 하지 않은 것이다. 학생들이라면 소설을 직접 읽어야 한다. 시사, 교양 서적도 직접 보아야 한다. 그런데 관심이 없다. 오로지 입시 공부에만 매달려 있다. 우리 사회에서 내걸고 있는 교육의 목표가 무엇인지 궁금하다.

며칠 전 서울 용산 국립중앙박물관 대강당에 해외 유수의 박물관장들이 모였다. 그들은 각국의 박물관 운영 현황에 대해 서로 의견을 나누었다. 그들은 박물관이 엄숙하게 학문적, 예술적 가치에만 몰두하는 시대는 끝났다고 입을 모았다. 그들은 과거와 달라진 박물관의 기능과 역할에 대해 다양한 접근법을 제시했다. 새로운 시대에 부합하는 박물관은 대중을 생각해야 한다고 말하였다. 다양한 오락거리를 제공해 대중을 끌어들이지 않으면 살아남을 수 없다고 한다. 박물관 운영도 하나의 비즈니스임을 강조하였다. 수익을 창출하기 위해 여러 방법을 모색해야 한다고 입을 모았다.

도움말 매 문장마다 합쳐야 하는 것은 아니다. 어느 문장들을 한 문장으로 처리하는 것이 내용을 전달하기에 좋을지에 대해 고민할 것과, 문장이 자연스럽게 연결되도록 어미 선택에 주의할 것을 학습자들에게 지도한다. 문장의 호흡 조절이 자연스러우면 금상첨화다. 간혹 이 연습을 하다 보면, 학습자들이 문장의 연결 부분만 신경쓰고 전체 글의 흐름을 간과하는 경향이 있다. 문장을 자연스럽게 합치는 것이 이 연습의 목표이지만, 문장을 재조정한 결과가 글 전체의 요지를 정확하게 전달할 수 있어야 한다는 것도 우리가 도달해야 할 또 하나의 목표라는 것을 사전에 학습자들에게 분명하게 전달한다.

(4) 문장 늘여 쓰기

● 지도 내용과 교육의 효과

문장 늘여 쓰기는 자신의 생각을 좀 더 구체화시켜 표현하는 연습이다. 대화 상황에서는 청자가 화자에게 좀 더 자세하게 말해 줄 것을 요구할 수 있지만 글을 통한 의사소통에서는 그럴 수 없다. 그러므로 글을 쓰는 사람은 독자가 문장의 의미를 분명히 이해할 수 있도록 구체적으로 표현할 필요가 있다. 내용을 구체적으로 쓰는 태도는 문장뿐만 아니라 문단을 쓸 때도, 한편의 글을 쓸 때도 필요하다.

글을 쓰다 보면 핵심을 말하려고 하다가 미처 자세하게 말하지 못한 경우를 자주 접한다. 그런 의도가 없더라도 생각을 충분히 담지 못한 문장을 쓰는 경우가 발생하기도 한다. 어느 것이나 바람직하다고 볼 수 없는데, 생각을 정밀하고 구체적으로 쓰는 능력 또한 글쓰기 능력의 중요한 요소이다. 이러한 훈련을 위해서는 간명한 문장을 의도적으로 길게 늘여 써 보는 연습이 필요하다.

문장 합쳐 쓰기와 마찬가지로 문장 늘여 쓰기도 문장을 확대하는 방법의 하나이다. 다만 문장 합쳐 쓰기는 이미 제시된 몇 개 문장을 합치는 연습이라면, 문장 늘여 쓰기는 학습자가 구체적인 내용을 직접 생성해서 문장 안에 적절하게 담아야 한다는 점이 다르다. 그런 점에서 문장 합쳐 쓰기는 외적 문장 확대 방법이고, 문장 늘여 쓰기는 내적 문장 확대 방법이다.

이 연습의 장점은 긴 글쓰기가 아니면서도 자신의 생각을 구체적이고 세밀하게 전달하는 능력을 기르게 할 수 있다는 점이다. 또한 문장의 구조를 복잡하게 확대하는 과정에서 언어적 질서를 고민하게 할 수 있다는 점도 아울러 지적할 수 있다. 요즘 학습자들의 글이 필요 이상으로 짧아진 점을 감안하면 교수자가 직접 몇 문장을 더 만들어 학습자들을 연습시키는 것도 고려할 만하다.

- 문장 안에서 전달할 내용을 구체적으로 확대하는 방법을 익힐 수 있다.
- 문장 구조를 고려하여 글을 쓰는 힘을 기를 수 있다.
- 다양한 수식 방식을 익힐 수 있다.

지도의 실제

※ 다음에 제시한 문장을 조금씩 늘여 써 보자. 필요한 경우 제시된 문장의 어형들을 조금씩 수정하는 것도 가능한다.

■ 나는 마음이 놓인다.

→ 나는 오늘 그동안 미루었던 일을 끝내서 마음이 놓인다.

→ 해야 할 일을 하지 못한 불안함에 떨던 나는 오늘 그동안 미루었던 일을 드디어 끝내서 마음이 놓인다.

■ 봄은 좋은 계절이다.

→ ______________________________

____

→ ______________________________

____

____

■ 우리의 우정은 빛났다.

→ ______________________________

____

→ ______________________________

____

____

■ 사회 생활은 신뢰가 바탕이 되어야 한다.

→ ______________________________

____

→ ______________________________

____

____

■ 국사 교육은 중요한 과목이다.

→ ______________________________

____

→ ______________________________

____

____

도움말 적극성을 가지지 않은 학습자들은 이러한 연습에서 한 두 단어를 추가하는 것으로 문장을 확대한다. 이 연습은 문장 확대의 여부가 중요한 것이 아니라 확대를 어떻게 했는가 하는 확대 방법이 중요하다. 이 연습을 통해 다다르고자 하는 목표는 전달할 내용을 좀 더 세밀하게 표현할 수 있는 문장력의 신장에 있다. 그렇기 때문에 적극성을 가지지 않는 학습자들을 참여시키기 위해서라도 교수자가 학습자들에게 문장을 두 줄이나 세 줄짜리로 확대하도록 조건을 분명히 제시하는 것도 한 방법이 될 수 있다.

(5) 문장 바꿔 쓰기

● 지도 내용과 교육의 효과

이 연습은 동일한 내용, 상투적인 표현, 단순한 표현을 다양한 표현으로 바꾸는 훈련이다. 이러한 연습을 통해 학습자는 문장에 생동감을 불어 넣는 방법을 익힐 수 있다.

많은 사람들이 좋은 문장의 하나로 생동감 있는 문장을 거론한다. 생동감 있게 글을 쓴다는 것은 글을 정확하고 객관적으로 쓰는 것과는 다르다. 생동감 있게 글을 쓰는 것은 자신이 느낀 미세한 인상을 참신하고 세련된 방법으로 표현하는 것이다.

박자가 조금 어긋나더라도 자신의 감정을 생동감 있게 노래로 표현할 수 있다면 충분히 다른 사람에게 감명을 줄 수 있다. 글도 마찬가지다. 다양한 표현 방법, 참신하게 표현하는 방법에 익숙할수록 생동감 있는 글을 쓰는 데 도움을 받을 수 있다. 이 연습은 그러한 것을 익히는 과정이다.

- 동일한 내용의 문장을 다양한 표현으로 바꾸는 방법을 익힐 수 있다.
- 상투적인 표현을 창의적인 표현으로 바꿀 수 있다.
- 자신이 받은 인상이나 감정을 생동감 있는 표현으로 전달하는 방법을 익힐 수 있다.

지도의 실제

※ 다음에 제시한 문장을 주어진 조건을 충족시켜 다양한 표현으로 바꿔 보자.

<조건>

· 문장의 의미가 변질되어서는 안 된다.

· 문장이 어색하거나 상투적이어서는 안 된다.

■ 나는 너를 믿는다.

→ 피는 물보다 진하다지만 너에 대한 내 믿음은 피보다 더 진하다.

→ ______________________________

→ ______________________________

→ ______________________________

■ 나는 너를 좋아한다.

→ 내가 너를 좋아하는 만큼 눈이 왔다면 봄은 결코 오지 않았다.

→ ______________________________

→ ______________________________

____

→ ______________________________

____

도움말 기대하는 교육 효과를 얻기 위해서는 학습자들이 일상적으로 사용하는 표현을 쓰지 않도록 지도해야 한다. 가령 '나는 너를 믿는다'라는 제시문의 경우에 '나는 너를 신뢰한다, 나는 너에 대한 믿음을 가지고 있다, 내가 너 믿는 것 알지?, 내가 너를 믿지 않으면 누굴 믿겠어?'와 같은 표현이 그것이다. 이러한 표현으로는 문장에 생동감을 불어 넣기가 어렵다. 학습자들에게 되도록 감수성을 담은 표현을 찾아 쓸 것을 당부해 두는 것이 좋다.

※ 다음에 제시한 문장을 주어진 조건을 충족시켜 다양한 표현으로 바꿔 보자.

· 문장의 의미가 변질되어서는 안 된다.
· 문장이 어색하거나 상투적이어서는 안 된다.
· '믿다'와 '좋아하다'라는 단어나 이러한 의미를 포함한 어휘(신뢰하다, 믿음, 사랑하다, 호감 등)를 사용해서는 안 된다.

■ 나는 너를 믿는다.

→ 어둠 속에서 내가 잡을 수 있는 유일한 손.

→ ______________________________

→

→

■ 나는 너를 좋아한다.

→ 때론 아픔이 침범하고 미움의 조각들이 먼지처럼 쌓이더라도 너를 향한 마음으로 모두 불어버리겠어.

→

→

→

도움말 이 연습은 앞의 연습보다 더욱 세련된 기교를 요구한다. 하고 싶은 말(단어)을 문장에서 직접 사용하지 않고 원하는 메시지를 전달하기란 쉽지 않기 때문이다. 그러나 그것이 가능해지면 직접적으로 표현하는 것보다 더 큰 효과를 가져 올 수 있다.

4 문단 쓰기 지도

1) 문단 쓰기의 의의

(1) 문단의 개념과 기능

문단은 보통 둘 이상의 문장이 모여서 이루어진다. 다른 문단과 더불어 전체 글을 이루지만 각 문단은 하나의 화제를 중심으로 완결된 내용을 담는다. 그래서 하나의 문단만으로도 완성된 짧은 글이 될 수 있다.

보통 한 문단 안의 문장들은 서로 지시대명사나 접속어 등의 적절한 사용을 통해 내용적으로 긴밀한 결속을 이룬다. 문단을 구성하는 문장들이 서로 유기적이라는 것은 내용뿐만 아니라 이러한 접속어나 지시어의 사용들을 통해 내용적 관계들을 긴밀하게 조직한다는 것을 의미한다. 그러한 내용적 결속은 여러 문장의 내용을 하나의 생각 덩어리로 이어서 표현하는 데 효과적이며, 글의 흐름대로 글 읽는 이를 자연스럽게 유도할 수 있다.

또한 문단 내부의 문장들은 중심 문장과 그것을 뒷받침해 주는 문장들로 구성되어 내용상의 응집 구조를 이룬다. 따라서 한 문단 안의 문장들은 내용상 통일을 갖추어야 한다.

문법적 결속과 내용적 응집력을 제대로 갖춘 문단은 읽는 이에게 전체 글의 구성을 뚜렷하게 보여준다. 반면에 능숙한 문장력과 화려한 글솜씨로 치장되었다 하더라도 문단의 기능이 제대로 발휘되지 않은 글은 글의 구성이 독자에게 뚜렷하게 전달되지 못한다.

그러므로 문단을 구성하는 능력은 독자에게 글을 효율적으로 전달하기 위해 반드시 갖추어야 할 필수적인 글쓰기 능력이라고 할 수 있다. 특히 문단을 구성하는 능력은 생활문이나 일상적인 글보다 설명문이나 주장하는 글에서 더욱 필요하다. 그래서 논술 교육을 지도하는 과정에는 필연적으로 문단을 구성하는 방법을 지도하는 내용이 포함되어 있다.

(2) 교육 효과

한 편의 글은 여러 문단으로 이루어져 있으며 각 문단은 통일된 생각의 덩어리로 이루어져 있다. 실제로 아주 짧은 글이 아니라면 몇 개의 문단을 모아 한 편의 글을 완성시키게 된다.

한 문단은 하나의 주제를 담고 있는 것이 이상적이다. 간혹 독자를 배려하는 의도에서 긴 문단을 별개의 문단으로 구분하기도 하지만, 보통은 하나의 문단이 하나의 생각 덩어리로 이루어져 있어야 한다.

그런데 학습자들의 글을 보면 문단이 제대로 이루어지지 않은 경우에 분량을 중심으로 문단을 구성하는 경우가 있다. 그러나 이러한 문단 구분이 바람직하지 않은 것은 말할 것도 없다. 문단 쓰기 교육이 제대로 이루어지지 않은 결과라고 보아야 할 것이다. 그러므로 문단 교육은 학습자들에게 한 문단씩 잘라 쓰는 연습을 통해 하나의 문단에 하나의 주제를 담을 수 있도록 지도할 필요가 있다. 그리고 그러한 주제가 모여 자신의 생각을 일목요연하게 보여 주는 과정을 익히게 하는 것이 효율적이다.

문단 구분 능력이 부족한 학습자의 경우에 내용과 전혀 상관 없는 문장을 포함시키는 경우도 있다. 이러한 현상은 내용의 유기성을 고려하지 않은 채 머릿속에 떠오른 생각을 글로 당장 표현하는 과정에서 비롯된 것인데, 의외로 학습자들의 글에서 자주 관찰된다. 한 문단에서 말하고자 하는 주제의 명확성과 함께 문단을 구성하는 여러 문장들이 중심 문장을 뒷받침하는 구조적인 관계를 파악하는 지도가 필요하다.

문단이 잘 구성된 글은 독자에게 글을 읽으면서 생각을 정리할 수 있는 심리적인 여유를 준다. 결국 문단 구성 지도는 학습자들에게 글을 읽을 때 글을 쉽게 파악하는 방법에 대한 교육이기도 하다. 문단 구성 능력의 교육적 효과를 요약하면 다음과 같다.

- 문단 작성을 통해 전체 글을 효율적으로 구성하는 연습이 가능하다.
- 하나의 문단에 하나의 생각을 담도록 지도함으로써 문장과 문장 간의 문법적, 내용적 긴밀성을 익히는 연습이 가능하다.
- 글을 읽을 때 문단 중심으로 글을 이해하는 것이 전체 글을 이해하는 데 효율적임을 이해시킬 수 있다.

2) 쓰기 활동의 실제

(1) 문단 구분하기

● 교육 내용 및 기대 효과

문단 구분하기 연습은 문단의 기본적인 기능을 익히게 하는 데 목적이 있다. 문단은 하나의 생각 덩어리, 하나의 사건 덩어리, 하나의 정보 덩어리로 구성되는 것이 바람직하다. 문단을 나누는 기준에 익숙하지 않은 학습자들에게 문단이 나누어져 있지 않은 글의 문단 구분하기를 통해 문단의 기본적인 속성을 익히게 한다.

이 연습은 직접 글을 쓰는 과정이 아니기 때문에 학습자들에게 부담을 주지 않는다는 점에서 학습자들을 쉽게 유도할 수 있다. 그러나 많은 학습자들이 모호한 기준으로 막연하게 문단을 나눌 수 있으므로 이를 대비할 수 있는 지도 방안을 마련해 둘 필요가 있다. 그 중의 하나가 문단을 나눈 후에 문단을 나눈 기준과 이유를 분명하게 글로 써 보게 하는 것이다. 시간이 허락하지 않으면 말로 설명해 보도록 하는 것도 한 방법이 될 수 있다. 이 지도 방법은 학습자들이 막연한 느낌이나 모호한 판단으로 문단을 구분하는 것을 방지할 수 있다. 아울러 문단 구분의 명확한 기준을 찾기 위해서라도 글의 전체 구조를 파악하는 과정을 의식적으로 경험하게 하는 효과도 거둘 수 있다.

이러한 연습을 통해서 학습자들이 문단을 구분하는 명확한 개념을 익히게 되면, 읽기 활동에서는 전체 글의 구조를 파악하는 힘이, 쓰기 활동에서는 문단 구분을 이용하여 전체 글의 구조를 조정할 수 있는 힘이 향상된다.

- 문단의 기본 기능을 익힐 수 있다.
- 전체 글의 구조를 파악하여 문단을 구분할 수 있게 한다.

교육의 실제

※ 다음 글은 우리에게 익숙한 소설의 한 부분이다. 의도적으로 문단을 구분해 놓지 않았다. 글이 효율적으로 전달될 수 있도록 내용을 중심으로 문단을 나누어 보자.

01 오늘도 또 우리 수탉이 막 쪼이었다.
02 내가 점심을 먹고 나무를 하러 갈 양으로 나올 때이었다.
03 산으로 올라스랴니까 등 뒤에서 푸드득, 푸드득 하고 닭의 횃소리가 야단이다.
04 깜짝 놀라며 고개를 돌려보니 아니나 다르랴 두 놈이 또 얼리었다.
05 점순네 수탉(은 대강이가 크고 똑 오소리같이 실팍하게 생긴 놈)이 덩저리 적은 우리 수탉을 함부로 해내는 것이다.
06 그것도 그냥 해내는 것이 아니라 푸드득, 하고 면두를 쪼고 물러섰다가 좀 사이를 두고 또 푸드득, 하고 모가지를 쪼았다.
07 이렇게 멋을 부려가며 여지없이 닦아놓는다.

08 그러면 이 못생긴 것은 쪼일적마다 주둥이로 땅을 받으며 그 비명이 킥, 킥 할 뿐이다.

09 물론 미처 아물지도 않은 면두를 또 쪼키어 붉은 선혈은 뚝뚝 떨어진다.

10 이걸 가만히 내려다보자니 내 대강이가 터져서 피가 흐르는 것같이 두 눈에서 불이 버쩍 난다.

11 대뜸 지게막대기를 메고 달겨들어 점순네 닭을 후려칠까 하다가 생각을 고쳐먹고 헛매질로 떼어만 놓았다.

12 이번에도 점순이가 쌈을 붙여놨을 것이다. 바짝 바짝 내 기를 올리느라고 그랬음에 틀림없을 것이다.

13 고놈의 계집애가 요새로 들어서서 왜 나를 못 먹겠다고 고렇게 아르릉거리는지 모른다.

※ 위의 글을 몇 개의 문단으로 나누었는지, 문단을 구별한 이유가 무엇인지를 문단별로 써 보자.

도움말 하나의 문단은 하나의 화제를 담는다는 문단의 기본적인 요건을 익히는 연습이다. 문단 구분이 없는 글이 내용을 전달하는 데 불리하다는 점을 학습자가 직접 느끼도록 하는 데서부터 이 연습은 시작된다. 그런 후에 학습자에게 문단을 나눠 보도록 하고, 그렇게 문단을 구분한 이유를 구체적으로 써 보게 하되, 막연한 느낌으로 문단을 구분하지 않도록 지도한다. 이런 과정을 통해 학습자는 문단을 구분하는 기준이나 방법을 자연스럽게 체득할 수 있을 것이다.

※ 다음 글은 문단 구분 없이 문장으로만 나열된 글이다. 글이 효율적으로 전달될 수 있도록 내용을 중심으로 문단을 나누어 보자.

01 그러고 보니 녀석이 떠난 지도 10년이 되었다.
02 우리는 '대가리' 다 큰 후 사회 생활하며 만난 친구 치고는 어진간해서는 넘기 힘든 산도 넘고 강도 건너 꽤나 멋진 친구가 되었다.
03 내세울 것도, 감출 것도 없는 친구로서 서로의 속사정도 훤히 알고 있었다.
04 그 당시 우리는 술을 마시면 어김없이 노래방을 찾았다.
05 그의 노래 실력은 수준급이었다.
06 당시 나는 그 친구보다 노래 잘하는 사람을 알지 못했다.
07 나 역시 노래 부르는 것을 좋아했지만 녀석과 노래방을 갈 때는 녀석의 노래를 감상하는 것을 더욱 즐겼을 정도였다.
08 그의 목소리는 약간 허스키하면서도 애절하고 호소력이 있었다.
09 나는 녀석이 부르는 노래를 통해서 몰랐던 많은 노래를 알게 되었다.
10 그 중에 하나가 정호승 시인의 시를 노래한 이동원의 '이별노래'였다.

11 녀석은 종종 그 노래를 불렀고, 나는 그 노래를 들을 때마다 그와 잘 어울리는 노래라고 생각했다.

12 후에 이동원이 부른 노래를 직접 찾아 듣고는 이동원보다 그의 노래가 낫다고 생각했다.

13 그것은 진심이었으며 나는 녀석을 통해 그 노래를 배웠다.

14 그러나 96년, 내가 인도로 3개월 간의 여행을 준비하고 있을 무렵, 친구는 백혈병 판단을 받고 서서히 죽음과 사투를 벌이기 시작했다.

15 녀석은 한번도 해외여행을 경험한 적 없으면서도 등산을 즐겼던 경험을 바탕으로 많은 조언을 내게 해 주었다.

16 자신의 배낭을 빌려 주고, 나를 약국으로 데려가 비상 약품을 사서 선물해 주었다.

17 짐들은 종류별로 비닐봉지에 나누어 담은 후 배낭 속에 넣는 것이 비가 와도 안전할 뿐 아니라 내용물을 구분하는 데도 용이하다고 알려 주었다.

18 나는 인도에서 두 세 통의 엽서를 보내는 것으로 나의 안부를 전했다.

19 그러나 내가 여행에서 돌아왔을 때 녀석을 위해 준비한 선물마저도 반가워하지 못할 정도로 그의 병색은 짙어져 있었다.

20 그는 입원과 퇴원을 반복했으며 나는 가능하면 자주 그의 병문안을 가기 위해 노력했다.

21 가끔 녀석에게 꼭 가고 싶은 곳이 없는지 물었다.

22 당시 내가 몰고 다니던 빨간 프라이드에 녀석을 태우고 그가 원하는 곳이면 세상 어디든 데려다 주고 싶었다.

23 그러나 녀석은 삶의 많은 의욕들을 상실해 가고 있었다.

24 그러던 어느날 전화가 걸려 왔다.

25 갑자기 떡이 먹고 싶다며 종로 2가의 어느 떡집에서 떡을 사다 달라는 내용이었다.

26 그러나 나는 녀석의 부탁을 차일피일하였다.

27 당장 그의 부탁을 들어줄 수 없을 정도로 바빴다면 핑계겠지만 몇 가지의 회사일과 개인적인 약속들 때문에 당장 떡을 사들고 녀석에게 달려가지 못했던 것이다.

28 그리고 며칠이 지나고 다시 전화벨 소리에 새벽잠에서 깨어났다.

29 친구의 형님에게서 걸려온 전화였다.

30 "태준이… 오늘 새벽에 갔네."

31 형님은 짧은 그 한마디로 친구의 죽음을 알렸고, 그 한마디로 녀석은 더 이상 이 세상 사람이 아니었다.

32 떡을 사다 달라는 부탁은 어쩌고 녀석은 그렇게 떠나 버렸다.

33 처음 접하는 친구의 죽음 앞에서 나는 참담하지 않을 수 없었다.

34 더욱이 녀석이 기다렸던 것은 떡이 아니고 사람이었을지도 모른다는 생각 때문에 끝내 들어주지 못한 마지막 부탁이 나의 가슴을 아프게 했다.

35 나는 그날 퇴근 후 그의 집이 아니고 술집으로 향했다.

36 그러나 술집에서 나는 점점 취해 갔고 내가 개어난 시간은 다음 날 오후였다.

37 아무것도 기억나지 않았으며 내 몰골은 녀석의 빈소에 찾아갈 형색이 아니었다.

38 하는 수 없이 나는 다음 날 아침 일찍 녀석의 주검이 장지로 떠나기 전에 그이 집을 찾아갔다.

39 그러나 그이 집은 잠겨 있었다.

40 이웃집에 물어보니 조문객이 거의 없는 젊은이의 죽음이라 3일장이 아니고 2일장으로 치렀으며, 가족은 집을 비우고 친척집에서 며칠을 보내기로 했다고 것이다.

41 내가 술에 취해 쓰러져 있을 때 녀석은 한줌의 재로 타버렸으며, 결국 죽어서도 갚을 수 없는 빚을 지고 만 것이다.

42 몇 개월 후 또다시 새벽에 전화가 걸려 왔다.

43 친구의 어머니에게서 걸려온 전화였다.

44 친구의 어머니는 신을 부정하며 목 놓아 울었다.

45 녀석을 포함한 우리 모두가 그에게 다가오는 죽음의 그림자를 인정할 무렵에도 어머니만은 신을 의지하며 다시 건강해질 것이라 굳건히 믿고 있었다.

46 그 믿음이 맹신이라 해도 자식을 먼저 보낸 어머니의 마음을 과연 누가 헤아릴 수 있을까?

47 나는 술에 취하거나 가끔 녀석이 생각나면 그 노래를 부른다.

48 떠나는 그대 / 조금만 더 늦게 떠나준다면 /
그대 떠난 뒤에도 내 그대를 / 사랑하기에 아직 늦이 않으리
(후략)

49 녀석은 왜 그리도 서글픈 노래를 좋아했던 것일까?

50 이제 세월은 흘렀고 찬란해도 모자랄 우리들의 젊음도 사라졌다.

51 세상은 다시 돌이킬 수 없는 일들뿐이다.

(여행가 · 사진가인 '박동식' 님의 글을 조금 수정해 가져 옴)

※ 위의 글 어디에서 문단들을 구분하였으며, 문단을 구별한 이유가 무엇인지를 문단별로 써 보자.

도움말 앞의 연습과 마찬가지로, 이 연습 또한 문단 생성의 기본적인 요건을 지도하는 게 목적이다. 특히 사건이나 상황의 변화를 중심으로 문단을 구분하는 연습이다. 따라서 학습자에게 사건이나 상황이 어느 지점에서 바뀌었는지를 분명하게 찾는 것이 문단을 구분하는 데 도움이 될 것임을 이야기해 두는 것도 지도의 한 방편이 될 수 있다.

(2) 문단의 문장 연결하기

● 교육 내용 및 기대 효과

문단의 요건 가운데 하나는 문단을 구성하는 각 문장들이 문법적으로 결속 관계를 형성해야 한다는 점이다. 좋은 글은 기본적으로 문장 간의 연결이 자연스러워야 한다. 문장이 어색하면 좋은 글이 될 수 없듯이 문장 간의 연결이 어색해도 좋은 글이 될 수 없다. 문장 간의 긴밀한 연결은 주로 문단 단위로 고려된다. 따라서 문단의 문장 연결하기는 어색하지 않은 글을 쓰기 위해 갖추어야 할 소양을 기르는 기본적인 연습이다.

이러한 문법적인 결속 관계는 내용을 응집하여 문단을 작성하는 데에도 도움을 줄 수 있다. 문장 간의 문법적 결속이 유기적이지 못하면 내용을 응집해서 표현하는 데 장애가 된다. 마찬가지로 글을 읽는 사람 입장에서도 문장 간의 결속 관계가 부자연스러우면 내용을 이해하는 데 장애가 된다.

- 문장 연결을 통하여 접속어를 자연스럽게 사용하는 방법과 지시어의 적절한 사용 방법을 익힐 수 있다.
- 문장의 연결을 통해 글의 호흡을 조정하는 방법을 익힐 수 있다.
- 문장 연결을 통하여 구조화된 문장 쓰기를 익힐 수 있다.

교육의 실제

※ 다음 글은 한 문단을 이루는 문장들이 과도한 접속어 사용으로 인하여 어색해진 경우이다. 자연스러운 문단이 되도록 고쳐 보자.

- 문장을 적절하게 연결하거나 접속어를 생략하여 호흡이 자연스런 글이 되도록 고친다.

■ 지시어를 사용해서 반복되는 말을 조정하면 글이 간결해진다.

■ 내용의 구조를 파악하면 글을 조정하는 데 도움이 된다.

겨울을 보내면서 가장 주의해야 할 것은 화재 사고이다. 그래서 겨울이 시작될 쯤이면 방송마다, 거리마다 불조심을 강조한다. 그리고 여기저기서 불조심을 외치는 구호들을 많이 접할 수 있다. 그러나 이런 구호들로는 사람들에게 주의를 환기시키기 어렵다. 왜냐하면 불조심 구호들이 너무 넘쳐나서 사람들의 감각이 무디어지기 때문이다. 그렇다고 불조심을 강조하지 않을 수는 없다. 왜냐하면 소홀히 했다가 당할 결과를 생각하면 불조심은 아무리 강조해도 지나치지 않기 때문이다.

독서는 마음의 양식이다. 그래서 사람들은 마음을 살찌우기 위해서 독서를 해야 한다. 그리고 우리가 살아가는 세상을 좀 더 잘 이해하기 위해서라도 독서를 한다. 그리고 우리가 직접 하지 못한 경험을 하기 위해 독서를 한다. 그러나 아무 책이나 읽을 수는 없는 노릇이다. 왜냐하면 우리의 시간이 무한정 허락하지 않기 때문이다. 그리고 좋은 음식과 나쁜 음식이 있듯이 양서와 악서가 있기 때문이다. 그래서 자신에게 필요한 책을 고를 줄 아는 안목이 필요하다.

도움말 접속어는 문장의 내용을 자연스럽게 이어 주는 역할을 하지만 빈번하게 사용하면 오히려 글을 읽는 데 방해가 된다. 그런데 문장의 내용을 자연스럽게 이어 줘야 한다는 강박에 쫓긴 나머지 접속어를 과도하게 사용하는 학습자들이 생각보다 많다. 이 연습은 이러한 학습자들을 위한 훈련이다. 자연스럽게 문장을 이어 가는 힘을 키우기 위해, 접속어를 생략하고 하나의 문장으로 합치거나 지시어를 사용해 문장을 잇는 방법 등을 익히게 한다.

(3) 주제문(중심 문장) 작성하기

● 교육 내용 및 기대 효과

학습자들의 글을 보면 전체 글이 일관된 내용을 갖추지 못한 경우가 빈번하다. 이것은 전체 글의 주제를 구체적이고 명확하게 설정하지 않았기 때문에 발생할 수 있는 현상이다. 문단 또한 하나의 주제문을 중심으로 통일성을 갖추지 못한 경우가 많다. 문단은 하나의 중심 문장과 여러 개의 뒷받침 문장으로 구성되어야 하는데, 중심 문장이 명확하지 않으면 문단의 내용을 하나의 덩어리로 응집시켜 구성하기 어렵다.

문단의 내용 구성 과정에서 통일성을 갖추는 데 능숙하지 못한 학습자들에게 주제문 작성은 좋은 연습이 된다. 주제문의 요건을 익힌 다음 주제문을 명확하게 작성하는 과정을 통해 문단을 구성할 내용의 통일성을 꾀할 수 있기 때문이다. 주제문 작성 시 주제문은 다음과 같은 요건을 갖추어야 한다.

첫째, 주제문은 완전한 서술형 문장으로 작성한다. 주제문이 전달할 정보가 명료하게 드러나야 하기 때문에 내용의 구체성이 희석될 수 있는 의문문, 감탄문, 부정문과 같은 형식은 피한다.

둘째, 주제문은 하나의 판단, 생각, 사건, 정보만이 명료하게 나타나야 한다. 문단은 주제문을 중심으로 내용이 구성되기 때문에 주제문이 명료하지 않으면 문단의 내용 구성이 뚜렷하지 않거나 통일된 내용 구성을 갖추기가 어렵다.

셋째, 주제문은 표현이 정확하고 구체적이어야 한다. 주제문은 수사법과 같은 기교적 표현이나 '~라고 생각한다, ~인 것 같다'와 같은 모호한 전달을 피하는 것이 좋다.

주제문을 구체적으로 작성하는 방법 가운데 하나는, 하나의 생각으로 주제문을 작성하되 '원인과 결과', '주장과 근거'의 형식으로 표현하는 것이 좋다.

- 주제문이 갖추어야 하는 요건을 익힐 수 있다.
- 주제문을 작성하는 구체적인 방법을 익힐 수 있다.
- 글이나 문단 작성 시 내용의 통일성을 갖추지 못하는 학습자에게 지도하면 효과적이다.

교육의 실제

※ 다음에 제시하는 글감을 가지고 관련 내용이 명확하게 드러나는 주제문을 만들어 보자.

■ 조건 : 원인과 결과가 주제문에 명확하게 드러나야 한다.

■ 보고 싶은 친구

원인 : 자고 일어나니 온 세상이 하얗게 눈이 내렸다.

결과 : 어릴 적 옆집에 살던 친구가 갑자기 보고 싶다.

주제문 : 눈 내린 겨울 아침을 맞이할 때면 어릴 적 자주 눈싸움을 했던 옆집 친구가 생각난다.

■ 현대 사회의 이혼율

원인 : ____________________

____

결과 : 최근 우리나라의 이혼율이 급격하게 증가했다.

주제문 : ____________________

____

■ 사고가 빈번한 도로

원인 : ____________________

____

결과 : 이 도로에서는 교통 사고가 빈번하게 발생한다.

주제문 : ____________________

____

도움말 이 과정은 글의 주제나 문단의 중심 문장을 설정하는 형식적 방법을 익히게 하는 연습이다. 학습자들에게 주제문이나 중심 문장을 구체적으로 정해야 한다는 지식을 전달하였다면, 그 다음 과정은 구체적으로 정하는 방법이 무엇인지를 연습을 통해 익히게 하는 것이다.

이와 같은 연습을 하지 않은 학습자들이 위 글감들을 접하면, 결과 문장에 해당하는 내용을 주제문으로 작성하는 경우가 대부분이다. 예를 들어 '현대 사회의 이혼율'이라는 글감이 주어지면, 학습자들 대부분은 '최근 우리 사회는 이혼율이 증가했다'는 정도로 주제문을 작성한다. 그러나 이러한 주제문 설정은 옳지 않다. 현상이란 원인이 있기에 발생한 것이므로, 완전한 주제문이 되기 위해서는 주제문에 그 원인이 포함되어야 한다. 그리고 글이나 문단에서 그 내용들을 상세화해야 한다. 이런 내용들이 이 연습을 통해 지도되어야 한다.

■ 조건 : 주장과 근거가 주제문에 명확하게 드러나야 한다.

■ 존엄사의 인정

찬성 : ____________________

____

반대 : ____________________

____

■ 학생 및 학부모의 교원 평가

찬성 : ____________________

____

반대 : ____________________

____

■ 여성의 병역 이행

찬성 : ____________________

____

반대 : ____________________

____

도움말 이 연습 또한 주제문을 작성하는 구체적인 방법을 익히는 훈련이다. 다만 앞의 연습이 주제문을 구성하는 한 내용 요소(현상)를 열어 주었다면, 이 연습은 주어진 글감에 대해 주제문을 구성하는 두 내용적 요소(주장과 근거)를 스스로 찾도록 한다는 점에서 차이가 있다.

(4) 중심 문장 뒷받침하기

● 교육 내용 및 기대 효과

문단을 구성하는 요건 가운데 하나는 문단의 내용이 하나의 주제로 응집되어야 한다는 점이다. 이 쓰기 활동은 내용적인 응집성을 갖추어 문단을 구성하는 데 미숙한 학습자들이나, 문단 내에 필요 없는 문장을 자주 넣는 학습자들에게 도움을 줄 수 있는 연습이다. 짧은 글쓰기 활동이라는 점에서 학습자들이 분량에서 받을 수 있는 부담을 줄일 수 있다는 점도 이 연습이 가질 수 있는 장점이다.

이 연습을 지도할 때는 학습자들에게 제시된 중심 문장을 어떤 식으로 구체화시킬 수 있는지 그 방법을 스스로 찾아보도록 하는 것도 교육적인 효과를 얻을 수 있다. 제시된 중심 문장의 내용에 따라 구체화 전략이 달라져야 하므로 다양한 구체화 전략을 스스로 발견하도록 하는 것도 지도 목표이기 때문이다. 다만 학습자들에게 동기 부여를 한다는 측면에서 교수자가 학습자들에게 사전에 몇 가지 구체화 전략을 소개하는 것도 좋다. 가령 '원인'을 파헤치는 내용으로 문단을 구성하는 방법, 다양한 '이유'를 나열하는 것으로 문단을 구성하는 방법, 서로 다른 '의견'을 소개하여 각각의 장단점을 쓰는 방법, '예상되는 결과'나 '개선 방향'을 중심으로 쓰는 방법 등이면 적당할 것이다. 그리고 제시된 중심 문장의 내용에 따라 구체화 전략이 다르다는 것도 알려 줄 필요도 있다.

- 하나의 화제를 중심으로 내용이 응집돼야 하는 문단의 요건을 익힐 수 있다.
- 중심 문장의 성격에 따라 구체화 전략이 다를 수 있다는 점을 익힐 수 있다.
- 많이 연습할수록 구체화 전략을 다양하게 익힐 수 있다.
- 중심 문장과 뒷받침하는 문장으로 문단의 내용을 응집시키는 요령을 익힐 수 있다.

교육의 실제

※ 다음 문장을 주제문으로 사용해서 그 내용을 구체화하되, 단계적으로 문단의 분량을 늘여 작성해 보자.

우리반 ○○○는 상대방을 배려할 줄 아는 좋은 친구이다. ________

____

____

____

우리반 ○○○는 상대방을 배려할 줄 아는 좋은 친구이다. ________

환경오염으로 인해 세계 곳곳에서 이상 기후가 나타난다. ________

환경오염으로 인해 세계 곳곳에서 이상 기후가 나타난다. ________

현대 사회에서는 스포츠도 하나의 산업이다. ________

현대 사회에서는 스포츠도 하나의 산업이다. ______________

____

____

____

____

____

도움말 이 연습은 중심 문장을 중심으로 문단의 내용을 구성하고 확대하는 연습이다. 문단의 내용들을 중심 문장에 유기적으로 뒷받침할 수 있도록 문단을 구성하고, 그 내용들을 점차 늘려가며 중심 문장의 내용을 더욱 자세하게 구체화하는 연습이다. 문단 내용 구성력이 떨어지는 학습자를 대상으로 하면 효과적이다.

※ 다음 문장들은 두 문장씩 비슷한 내용으로 짝을 이룬다. 문장 쌍들이 전달하려는 내용 면에서 어떤 차이가 있는지 생각해 보고, 각각을 중심 문장으로 한다면 어떤 내용으로 중심 문장을 뒷받침해야 하는지 생각해 보자. 그리고 중심 문장을 뒷받침할 수 있는 내용으로 문단을 작성해 보자.

1

환경오염으로 인해 세계 곳곳에서 이상 기후가 나타난다. __________

____

세계 곳곳에서 이상 기후가 나타나는 것은 환경오염 때문이다. ____

2

글쓰기는 의사소통의 수단이지만 사고력을 형성하는 좋은 방법이기도 하다.

글쓰기는 사고력을 형성하는 좋은 방법이지만 의사소통의 수단이기도 하다.

3

광고는 자본주의의 꽃이지만 문화의 반영자이기도 하다. ___

광고는 자본주의의 꽃이자 문화의 반영자이기도 하다. ___

도움말 비슷한 내용의 두 중심 문장을 제시함으로써 두 중심 문장의 의미를 정확하게 파악하고 중심 문장의 정확한 의미에 따라 내용 구성을 어떻게 달리해야 하는가에 대한 연습이기도 하다. 중심 문장의 정확한 의미를 구별하지 못하거나, 중심 문장의 기능을 제대로 인지하지 못한 학습자는 유사한 내용을 담고 있는 두 중심 문장의 내용 구성을 제대로 하기 어려울 것이다.

(5) 중심 문장으로 글 구성하기

● 교육 내용 및 기대 효과

'문단 작성을 통해 전체 글 구성하기'는 주어진 문제에 대하여 전개할 내용들의 중심 생각들을 쓰게 한 후, 각각의 중심 생각을 문단으로 작성하여 한 편의 완성된 글을 작성하는 것을 최종 목표로 한 연습이다. 분명 중간 과정들은 표현력을 기르기 위한 문단 중심의 쓰기 활동이지만 전체적으로 본다면 과정 중심의 쓰기를 축소해 놓았다고 볼 수 있다. 다만 표현력 향상을 위한 문단 쓰기 연습이므로 과정 중심의 쓰기 활동을 온전히 적용하기에는 무리가 있다. 따라서 교수자가 이 연습을 지도할 때는 너무 과정 중심의 쓰기 활동 방법으로 지도를 하지 않는 것이 학습자들에게 도움이 될 수 있다.

이 쓰기 활동은 지금까지 진행해 온 문단 중심의 쓰기 활동을 종합해 두었다고 보면 된다. 우선 주어진 문제에 대하여 자신이 생각하는 내용이 자연스럽게 전개될 수 있도록 흐름이 자연스럽게 중심 문장을 작성하도록 한다. 그런 다음 그것을 주제문으로 한 각각의 문단을 작성하게 한다. 각 문단을 완성한 후에는 처음 생각한 내용의 전개가 그대로 실천되었는지 확인하는 과정을 거친다.

- 문단 단위 쓰기 연습을 종합적으로 익힐 수 있다.
- 표현력 신장을 위한 연습이지만 과정 중심의 쓰기 연습을 병행할 수 있다.
- 전체 글 구성을 위해 전달하고자 하는 내용을 문단별로 정리하는 연습이 가능하다.
- 문단 내용의 통일성을 넘어, 전체 글의 통일성을 갖추는 방법을 익힐 수 있다.

교육의 실제

※ 다음 주어진 문장을 전체 글의 주제로 하여 문단별 내용을 설정하는 연습을 하자.

우리나라 청소년들의 휴대폰 사용에는 문제가 많다.

<단계 1> 세 개의 문단으로 구성할 글을 전제로 각 문단의 중심 문장들을 설정해 보자

문단 1 : ____________________

____

문단 2 : ____________________

____

문단 3 : ____________________

____

도움말 의외로 짧은 분량의 글에서도 학습자들은 내용의 일관성이나 내용 전개의 자연스러운 흐름을 갖추지 못하는 경우가 많다. 이런 문제점을 갖고 있는 학습자들에게 권장할 만한 연습 방법이다. 중심 문장을 중심으로 쓸 내용을 미리 구상하는 연습을 통해 위에서 말한 단점들을 극복할 수 있을 것이다. 정식으로 개요를 작성하는 과정은 아니지만 짧은 분량의 글을 쓰기에 적당한 개요 작성법이라 할 수 있다.

<단계 2> 위에서 작성한 중심 문장으로 각 문단을 구성해 보자.

■ 조건 : 중심 문장과 뒷받침 문장들이 문법적으로, 내용적으로 긴밀하게 연결되어야 한다.

문단 1 : ____________________

____

____

____

____

문단 2 : ____

____

____

____

____

문단 3 : ____

____

____

____

____

도움말 〈단계 1〉이 쓰고자 하는 내용을 중심 문장 중심으로 펼쳐 보인 것이라면, 이 연습은 중심 문장을 중심으로 각 문단을 구성하면서 전체 글의 흐름을 유지해 나가는 훈련이다. 이 연습 과정에서는 우선 전체 글의 흐름보다 펼쳐 보인 중심 문장을 중심으로 각 문단을 구성하는 데 무게를 두자.

※ 다음 주어진 문장을 전체 글의 주제로 하여 조건에 맞도록 중심 문장을 작성하되, 단계별로 문단의 수를 늘려보자.

청소년들의 무분별한 언어 사용이 심각한 상황에 이르렀다고 우려하는 목소리가 있다.

<단계 1> 각 문단의 중심 문장들을 설정해 보자.

■ 조건 : 3개의 문단으로 구성한다.

문단 1 : ______________________________

____

문단 2 : ______________________________

____

문단 3 : ______________________________

____

<단계 2> 각 문단의 중심 문장들을 설정해 보자.

■ 조건 : 4개의 문단으로 구성한다.

문단 1 : ______________________________

____

문단 2 : ______________________________

____

문단 3 : ______________________________

____

문단 4 : ______________________________

____

■ 조건 : 중심 문장과 뒷받침 문장들이 문법적으로, 내용적으로 긴밀하게 연결되어야 한다.

문단 1 : ______________________________

____

____

____

____

문단 2 : ______________________________

____

____

____

____

문단 3 : ______________________________

____

____

____

____

문단 4 : ____

____

____

____

____

<단계 3> 각 문단의 중심 문장들을 설정해 보자.

■ 조건 : 5개의 문단으로 구성한다.

문단 1 : ____

____

문단 2 : ____

____

문단 3 : ____

____

문단 4 : ____

____

문단 5 : ____

____

■ 조건 : 중심 문장과 뒷받침 문장들이 문법적으로, 내용적으로 긴밀하게 연결되어야 한다.

문단 1 : ______________________________

____

____

____

____

문단 2 : ______________________________

____

____

____

____

문단 3 : ______________________________

____

____

____

____

문단 4 : ______________________________

____

____

____

____

문단 5 : ______________________________

____

____

____

____

도움말 이 쓰기는 주어진 화제, 분량에 따라 문단을 다르게 구성하는 연습이다. 단계를 진행하면서, 앞에서 구성한 흐름에서 하나의 문단을 두 개로 쪼개거나 새로운 문단을 찾아서 적절한 위치에 배열하는 연습을 통해, 써야 할 글의 전반적인 흐름을 조정하는 방법을 익히게 할 수 있다. 새로운 문단의 내용은 예시나 비교 등의 방법으로 구성될 수 있음을 알려 주자.

PART 3

표현 방식을 중심으로 지도하기

글은 타인, 사회와 소통하는 수단이다. 그런 점에서 쓰기는 문자를 통한 의사소통 과정이다. 의사소통이 효율적이기 위해서는 몇 가지 요소가 필요하다. 자신의 생각을 정확하게 표현할 줄 알아야 하며, 때에 따라서는 다양한 방법을 사용해 생동감 있고 참신하게 꾸며 쓸 수 있어야 한다.

정확한 표현을 위해서는 의미가 분명하게 드러나야 하며 공동의 언어 질서를 지켜 쓸 줄 알아야 한다. 의미가 분명히 드러나도록 쓸 수 있어야 하며, 그리고 군말이 없이 간명하거나 간결하게 쓸 수 있어야 하며, 언어 공동체의 언어 질서에 대한 지식을 이해하여 글을 문법에 맞도록 쓸 수 있어야 한다.

내용을 생생하고 참신하게 표현하는 것은 주로 수사법을 활용해 이루어진다. 대상을 비유하기, 대상을 강조하기, 문장에 변화주기 연습을 통해 표현력을 신장할 수 있다.

· 의미를 분명하고 정확하게 쓰는 방법
· 생동감 있고 참신하게 표현하는 방법

5 정확하게 쓰기

1) 정확하게 쓰기의 의의

(1) 개념 및 필요성

쓰기가 곧 사고의 과정이며 결과이지만 쓰기의 기본적인 목적은 외부 세계와의 소통이다. 따라서 특별한 경우를 제외하면 쓰기는 의사소통을 전제로 한 표현 활동이라고 할 수 있다. 그렇기 때문에 쓰기를 통한 의사소통이 효율적이기 위해서는 자신의 생각을 보다 분명하고 정확하게 글로 나타내어 표현할 수 있어야 한다.

음성과 글이 의사소통의 수단이라 하더라도 이들을 통해 진행되는 의사소통 과정은 전혀 다르다. 음성을 통해 이루어지는 의사소통 상황에서는 청자의 즉각적인 반응이나 화청자의 표정, 음성의 리듬 및 높낮이 변화, 몸짓 언어, 준언어적 표현 등과 같은 비언어적인 요인들을 활용해 불완전하거나 불분명한 의미를 보완할 수 있다. 그러나 글을 매개로 이루어지는 의사소통 상황에서는 그러한 도움을 기대하기 힘들다. 글은 청자의 즉각적인 반응에 따라 내용을 보완하기 어려우며, 일방향적인 소통인 경우가 대부분이기 때문이다.

쓰기 교육의 목적을 학습자들의 사고 형성 및 사고력 발달에 두는 것이 현재의 주된 쓰기 교육 경향이지만, 자신이 알고 있는 바를 정확한 언어 형식으로 표현하도록 지도하는 것이 쓰기 교육의 기본이라 할 수 있다. 이것이 바탕이 되어야 쓰기를 통한 문제 해결 능력이나 의사 결정 능력 등과 같은 고등 정신 활동이 필요한 글쓰기가 보다 자유로울 수 있다. 또한 글이 분명하고 정확해야 자신이 사고한 결과를 상대방에게 제대로 전달할 수 있다. 자신의 의도와는 전혀 다른 의미로 글이 전달되어서는 곤란하다.

예를 들어 보자. 우리가 호감을 느낀 이성에게 자신의 마음을 대신할 선물을 하려고 한다. 가게에서 예쁜 혹은 멋진 시계를 샀다. 그런데 그럴 리야 없겠지만, 이 시계를 신문지로 포장해 주는 경우와 예쁜 포장지로 싸고 리본을 묶어서 주는 경우를 가정하자. 우리가 상대에게 주는 것은 분명 동일한 시계이지만 그 시계를 받는 상대방의 느낌은 전혀 다를 수 있다.

마찬가지로 글도 적절한 형식을 갖추어 써야 하며, 자신의 생각을 정확하게 전달할 수 있어야 한다. 사신의 생각을 담았다고 해서 그 내용이 정확하게 상대방에게 전달되지는 않는다. 상대방이 그 내용을 정확하게 이해할 수 있도록 분명하고 정확한 형식으로 자신의 생각을 담을 수 있어야 한다.

(2) 교육 효과

쓰기 교육을 제대로 받지 못한 학습자들은 자신의 생각을 글로 담는 데 많은 어려움을 겪는다. 글을 쓰는 것 자체가 학습자들에게는 즐거운 활동이 아니기 때문에 자신의 생각을 글로 담는 데 많은 노력을 기울이지 않으며, 그 결과가 형식과 내용이 어색하거나 불충분한 글로 나타난다. 학습자들의 글에서 보통 볼 수 있는, 의미가 분명하지 못하고 정확하게 전달되지 못한 글의 오류들은 대체로 다음과 같다.

· 말의 형식이 지나치게 압축되어 의미가 모호해진 글
· 내용이 지나치게 생략되어 분명한 의미를 알 수 없게 된 글
· 군더더기 말로 인해 표현의 정확성이 떨어진 글
· 언어 질서를 제대로 지키지 않은 비문법적인 글

자신의 생각을 글로 정확하게 표현하는 연습은 주로 고쳐쓰기 활동을 통해 가능하다. 오류의 유형들을 파악하고, 이러한 오류를 수정하는 연습을 통해 학습자들은 자신의 생각을 정확하게 전달하는 원리를 이해하게 되며, 자신의 생각을 글로 전달하는 즐거움을 알 수 있게 된다.

2) 쓰기 활동의 실제

(1) 분명하게 쓰기

교육 내용 및 기대 효과

자신의 생각을 언어화하는 과정에서 표현력이 부족한 학습자들이 자주 범하는 문제 가운데 하나가 얽혀 있는 생각의 타래들을 차분하게 하나하나 언어로 풀어내지 못한다는 것이다. 글쓰기와 관련해 이

러한 어려움을 겪고 있는 학습자들의 글에는 몇 가지 문장 오류들이 유형화되어 나타난다.

우선 이런 학습자들은 수식 관련 표현들을 생략한 채 단어 중심으로 생각을 나열하는 경우가 많다. 생각을 말로 만드는 과정은 무형의 내용을 유형의 내용으로 만드는 과정이다. 이때 학습자들의 끈기가 요구된다. 그러나 이 과정에서 많은 학습자들이 사고의 언어화 절차를 면밀하게 거치지 않은 채 글을 쓰기 때문에, 언어 형식을 과도하게 생략하거나 모호한 문장을 생성하기도 한다. 그 결과 본인이 전달하고자 한 내용을 분명하게 드러내지 못하는 글이 되고 만다. 그밖에도 조사 중심으로 수식 관계를 처리한 글, 하나의 표현이 여러 의미로 이해되는 글의 작성 등을 분명하고 정확하지 않은 글쓰기의 오류로 거론할 수 있다.

이러한 오류를 수정하기 위해서는 학습자들이 오류의 유형을 정확하게 인지하고, 고쳐쓰기 활동을 통해 바른 문장을 작성하는 방법을 체득하게 하는 것이 효율적이다. 따라서 유형별로 바르지 못한 문장들을 제시하고 그것이 왜 효율적이지 못한지를 검토하게 한 후, 바르게 고쳐 써 보는 활동이 분명하게 쓰기의 주된 지도 방법이 된다.

교육의 실제

※ 다음은 전달할 내용의 일부를 명사의 나열형으로 제시한 문장이다. 문장의 내용이 분명하게 드러나도록 명사 나열구를 풀어서 고쳐 써 보자.

■ 고객께서 어제 올리신 문의 내용 답변 드립니다.

→ 고객께서 어제 문의하신 내용에 대해 답변을 드립니다.

도움말 '답변을 하다'의 문구는 '~에 대해'라는 형식이 선행되어야 한다. 그리고 명사들로 이루어진 '문의 내용 답변'을 차분하게 풀어 펼치면 '문의하신 내용에 대한 답변' 정도가 적절할 것이다.

■ 병역 비리 사건 연루자 압수 수색이 오늘 단행된다.

→ 병역 비리 사건에 연루된 자들에 대한 압수 수색이 오늘 단행된다.

도움말 신문 기사에서 자주 볼 수 있는 유형이다. 신문 기사에서는 의도적으로 표현을 압축해 쓰기도 하지만 글이 소통의 과정인 점을 염두에 두면 독자를 고려한 표현 형식을 갖추는 것이 합당하다. 위 문장에서 6개의 명사들로 이루어진 표현 '병역 비리 사건 연루자 압수 수색'을 펼쳐서 '병역 비리 사건에 연루된 자들에 대한 압수 수색' 정도로 수정하면 적절할 것이다.

■ 이러한 조치는 우리 사회의 부정 부패 방지 대책 마련을 위해 고심한 결과다.

→ 이러한 조치는 우리 사회의 부정 부패를 방지할 대책을 마련하는 과정에서 이루어진 결과이다.

도움말 명사구 표현은 대부분 앞의 명사가 뒤의 명사를 수식하는 구조를 갖는 경우가 많다. 따라서 명사구를 펼쳐 쓸 때는 적당한 조사나 어미를 찾아 넣어야 한다. '부정 부패 방지 대책 마련'을 '부정 부패를 방지할 대책을 마련'으로 펼쳐 쓰는 것이 좋다.

■ 정부는 연내 우수 인재 조기 육성 정책 수립 계획의 의지를 발표하였다.

→ 정부는 우수 인재를 조기에 육성하는 정책을 연내에 수립할 계획이라고 발표하였다.

도움말 전달할 내용은 머리 속에서 문장 형식으로 생성되는 것이 아니라 단어 중심의 덩어리로 생성된다. 그래서 단어 중심으로 생성된 내용을 문장 형식으로 만드는 과정에는 단어와 단어를 자연스럽고 올바르게 연결할 수 있는 조사나 어미를 탐색하는 노력이 필요하다. 우선 '연내'가 수식하는 대상히 분명히 드러나도록 위치를 옮겨야 한다. 그리고 명사로 나열된 구가 의미가 분명해지도록 적절한 조사를 첨가하여 문장을 풀어 써야 한다.

※ 다음은 성분이 과도하게 생략되어 문장의 의미가 불분명한 경우이다. 생략된 내용을 찾아 보충하거나 문장의 표현을 바꾸는 방법 등을 이용해 문장의 내용이 분명하게 드러나도록 고쳐 써 보자.

■ 저의 이런 성격으로 인해 친구들을 대할 때 엄마처럼 할 수 있습니다.

→ 저의 이런 성격으로 인해 친구들이 저를 편하게 대해 주었습니다.

도움말 '할 수 있습니다'에는 목적어 성분이나 부사어 성분을 보충해 내용을 분명하게 표현해야 한다. 그렇지 않으면 대동사에 함의된 내용을 구체적으로 드러내어야 한다.

■ 요즘 대부분의 고민인 취업이 잘 드러났습니다.

→ 이 글에는 요즘 대부분의 학생들이 고민하는 취업 문제가 잘 드러났습니다.

도움말 이 문장은 상당히 많은 내용이 생략되어 있다. '대부분'에 대해서는 '무엇'이 생략되었고, '잘 드러났습니다'에 대해서는 '어디에'라는 내용이 생략되었다. 생략된 내용을 복원하면 문장의 의미가 보다 분명해질 수 있다. 이런 오류가 유발되는 원인은 학습자들이 친절한 글쓰기를 하지 못하는 데에 있다. 친절한 글쓰기를 위해서는 생각을 차분하게 풀어내는 노력이 필요한데, 학습자들은 그러한 노력을 하지 않는 경향이 있다.

■ 내 생애 가장 맛있게 먹었던 라면은 바다에서 신나게 놀고 숙소에서 먹은 라면이다.

→ 내 생애 가장 맛있게 먹었던 라면은 몇 해 전 바닷가에 놀러 가서 친구들과 신나게 논 다음 숙소에 돌아와 끓여 먹었던 라면이다.

도움말 이 문장은 경험에 대한 내용을 싣고 있다. 그 경험이 매번 반복되는 경험이 아니므로 '언제'라는 정보를 보충하는 것이 좋다. 제시된 문장은 '바다에서 신나게 놀고 숙소에서 먹는 라면은 언제나 맛있다'라는 의미로 독자에게 전달될 수 있다.

※ 다음은 부사어의 위치가 적절하지 않아 부사어가 수식하는 바가 정확히 드러나지 않은 경우이다. 부사어의 위치를 바꾸고 의미가 분명해지도록 문장을 고쳐 써 보자.

■ 나는 가끔 양념 게장을 먹을 때 할머니가 직접 만들어 주신 양념 게장이 생각난다.

→ 나는 양념 게장을 먹을 때 할머니가 직접 만들어 주신 양념 게장이 가끔 생각난다.

도움말 이 문장에서 '가끔'은 '양념 게장을 먹을 때'를 수식하는 구조를 보이고 있으나 문맥상 '생각난다'를 수식하는 것으로 보는 것이 옳다. 그러므로 '가끔'이 수식하는 대상이 분명히 드러나도록 위치를 조정해 주어야 한다.

■ 특별하게 선생님이 되기 위해서 직접적으로 많은 활동을 한 것은 없습니다.

→ 선생님이 되기 위해 직접적이고도 특별한 활동을 많이 한 것은 아닙니다.

도움말 '특별하게'는 '선생님' 앞에 두기보다는 '활동' 앞으로 위치를 옮기는 것이 좋다. 그리고 '많은'을 부사어로 형태를 바꾸어 위치를 조정하는 것이 더욱 자연스러운 문장이 될 것이다.

※ 다음은 한 문장이 여러 의미로 해석될 수 있는 경우이다. 문장의 의미가 분명히 드러나도록 문장을 고쳐 써 보자.

■ 그는 아버지의 그림들을 1년 전에 버렸다.

→ 그는 아버지가 그린 그림들을 1년 전에 버렸다.

→ 그는 아버지가 소유했던 그림들을 1년 전에 버렸다.

→ 그는 아버지를 그린 초상화를 1년 전에 버렸다.

도움말 세 개의 의미를 가진 '아버지의 그림'이라는 유명한 예문을 차용한 문장이다. '아버지의 그림'은 '아버지가 그린 그림', '아버지가 소유한 그림', '아버지를 그린 그림'이라는 세 개의 의미가 있다. 의미가 맞도록 조사 '의'를 풀어 써야 한다.

■ 나는 영수와 철이를 찾으러 온 동네를 돌아다녔다.
→ 나와 영수는 철이를 찾으러 온 동네를 돌아다녔다.
→ 나는 영수와 철이 두 사람을 찾으러 온 동네를 돌아다녔다.

도움말 공동격 조사 '–와'의 범주가 혼동될 수 있는 문장이다. 나와 영수 두 사람이 철이를 찾으러 다닌 것인지, 내가 찾으러 다닌 사람이 영수와 철이인지 의미가 분명히 드러나도록 표현을 바꾸는 것이 좋다.

(2) 간결하게 쓰기

교육 내용 및 기대 효과

머릿속에 있는 생각을 그대로 글로 옮겨 쓰는 것은 쉬운 일이 아니다. 생각이란 그 모습이 구체적이지도 못하고 복잡하게 얽혀 있기 때문이다. 그래서 생각을 언어로 나타내는 과정에는 여러 가지 노력들이 필요하다. 우선 얽혀 있는 생각들을 정리해야 한다. 그리고 정리된 생각들을 순서대로 꺼내야 하며, 언어 형식을 지켜 정제된 표현으로 써 내야 한다.

특히 글을 통해 이루어지는 의사소통 과정은 여러 가지 한계를 지니기 때문에 글은 정제성을 요구한다. 글을 읽는 과정과 이해하는 과정이 거의 동시적으로 진행되는데, 정제되지 않은 글은 독자로 하여금 글을 읽고 즉시 이해하기 어렵게 만들기 때문이다. 그래서 글 전체가 간결하지 못한 문장들로 채워지면 글을 쓰는 목적을 이루기가 어렵다.

글쓰기 전문가들은 한결같이 문장이 간결해야 한다고 말한다. 간결한 문장이 힘이 있다는 것이다. 여기서 글이 갖는 힘은 이성적, 정서적 설득력일 것이다. 우리가 논리적이라고 생각하는 글들의 대부분이 간결한 문장을 바탕으로 한다. 그러므로 간결하게 쓰는 능력 또한 글쓰기 능력을 구성하는 중요한 한 요소이다.

그런데 생각을 정제되고 간결한 표현으로 만드는 과정은 쉽지 않다. 분명하게 쓰는 과정도 그러하지만 간결하게 쓰는 것도 차분함과 끈기가 필요한 활동이기 때문이다. 글의 간결함이란 내용이라는 국면과 표현이라는 국면 모두에 적용된다. 간결한 내용 생성은 학습자들이 글로 쓰기 전에 사고의 정리 과정을 거쳐서 이룰 수 있는데 보통 브레인스토밍 방법이 이용된다. 표현의 간결함은 고쳐쓰기의 과정을 통해 완성시킬 수 있다. 간결한 표현으로 글을 쓰면 더할 나위 없이 좋겠지만, 글을 쓰면서 표현의 간결함까지 고려해야 하는 것은 글쓰기가 익숙하지 않은 학습자들에게는 여러모로 무리이다. 많은 학습자들이 정제된 문장으로 글을 써야 한다는 강박 관념과 정제된 문장을 쓰는 어려움 때문에 글쓰기를 고통으로 생각한다. 또한 글을 쓰는 과정에서 정제된 표현을 만들다 보면 생각의 흐름이 자주 끊겨서 오히려 글을 쓰는 데 방해가 된다는 문제도 지적될 수 있다.

그래서 간결하게 쓰기는 주로 고쳐쓰기 활동을 통해 이루어지는 것이 바람직하다.

학습자들의 글이 간결하지 못한 경우를 보면 의미가 중복되거나 필요 이상의 말이 덧붙는 표현들이 자주 있다. 그런데 간결한 문장 쓰기에 대한 바른 지식이 없다면, 학습자들은 퇴고 과정을 거치더라도 수정을 하지 못하고 그대로 지나치기 쉽다. 그러므로 '간결하게 쓰기' 과정에서는 이러한 오류들에 대한 고쳐쓰기 활동을 통해 문장을 간결하게 작성하는 원리를 학습자에게 학습시키는 것에 목적을 두어야 한다.

교육의 실제

※ 다음은 표현이 중복되거나 필요 이상의 말이 덧붙어서 간명하지 못한 문장이 된 경우이다. 어느 부분이 어색한지, 왜 어색한 표현이 되었는지를 생각해 본 후, 간결한 문장이 되도록 고쳐 써 보자.

■ 청소년의 휴대폰 사용이 많아짐에 따라 그에 따른 여러 가지 부작용이 나타나고 있는 실정이다.

→ 청소년들이 휴대폰을 많이 사용하면서 여러 가지 부작용이 나타나고 있다.

도움말 '많아짐에 따라'와 '그에 따른'은 중복된 표현이다. 명사절인 '청소년의 휴대폰 사용이 많아짐'도 어색하다. 조사 '의'

가 의미하는 바를 분명하게 드러내어 수정하면 한결 자연스러운 문장으로 바꿀 수 있다. 그리고 '실정이다'도 필요 이상으로 덧붙여진 말이므로 삭제하는 것이 좋다.

■ 제가 편지를 쓰게 된 이유는 할머니께서 이메일을 주고받는 방법을 모르신다고 하셔서 자세히 설명 드리려는 것입니다.

→ 할머니께서 이메일 사용법을 모르시니까 편지로 자세히 설명 드리겠습니다.

도움말 우리가 하는 말의 대부분은 '화제'와 '논평'으로 구성된다. '화제'는 '말 하려는 대상'이고 '논평'은 '그 대상이 어떠하다'에 해당되는 내용이다. 그런데 우리가 정보를 생성하는 순서는 '화제'가 먼저이고 '논평'이 나중이다. 그러한 정보 생성의 과정은 글쓰기에 간혹 어색한 문장을 짓게 되는 원인이 되기도 한다. 생성된 정보를 논리적으로 전개하기 위해서는 생각을 정리하는 과정이 필요한데, 그렇지 않으면 생성되는 정보의 순서대로 글을 쓰게 된다. 이 문장이 그러한 경우에 해당된다. 이 문장에서 '화제'에 해당하는 것은 '편지를 쓰게 된 이유'이다. 그런데 화제를 구체적으로 언급하는 바람에 오히려 미숙한 문장을 낳게 되었다.

■ 남자가 약속 시간을 지나 늦게 나온 것이었다.

→ 남자가 약속 시간을 지나서 나온 것이었다.

→ 남자가 약속 시간보다 늦게 나온 것이었다.

도움말 중복된 표현이 있다. 약속 시간에 늦게 나왔다는 것은 약속 시간을 지나서 나왔다는 것과 같은 표현이다. 따라서

'시간을 지나'와 '늦게' 가운데 하나를 삭제하여 고쳐 써야 한다. '나온 것이었다'라는 표현도 '나왔다'로 고쳐 쓰면 문장이 더욱 깔끔할 수 있다.

■ 내 짝의 얼굴을 처음 봤을 때 느낌은 굉장히 강인한 인상이다.
→ 내 짝을 처음 봤을 때 굉장히 강한 인상을 받았다.
→ 내 짝을 처음 봤을 때 굉장히 강한 인상의 얼굴이라고 생각했다.

도움말 '느낌'과 '인상'은 의미가 중복된다. 두 단어 가운데 하나를 삭제하는 것이 좋다. 그리고 후행 절의 주술 관계도 바르지 않다. '내 짝은 강인한 인상이다'가 옳으므로 선행 절의 생략된 주어 '나는'과 일치시켜 '인상을 받았다' 정도로 수정하는 것이 좋다. '짝의 얼굴' 자체가 강한 인상이라는 의미를 살리기 위해서는 두 번째 문장처럼 수정하는 것도 한 방법이 될 수 있다.

■ 선생님들이 학생들의 고민을 대략으로나마 알고 있다면 학생들과 상담할 때 도움이 된다.
→ 선생님들이 학생들의 고민을 대략이라도(대략이나마) 알고 있다면 학생들과 상담할 때 도움이 된다.

도움말 '대략으로나마'는 어색한 표현이므로 '대략이라도'나 '대략이나마' 정도로 수정하는 것이 좋다.

■ 어떤 한 연예인은 사생활의 보완이 철저하다.
→ 어떤 연예인은 사생활의 보완에 철저하다.

도움말 '어떤'과 '한'은 부정칭으로 동일한 기능을 한다. 따라서 하나를 삭제하는 것이 옳다. 그리고 '철저하다'라는 서술어 앞에는 '~에'라는 표현이 와야 하므로 수정하는 것이 좋다.

■ 집에서 키우는 가축은 사람을 잘 따른다.

→ 가축은 사람을 잘 따른다.

도움말 '가축'의 의미가 '집에서 키우는 짐승'이므로 '집에서 키우는' 이라는 표현은 필요하지 않다. 삭제하여 간명하게 표현하자.

■ 글의 내용 구성을 어떻게 조직하느냐가 어렵다.

→ 글의 내용을 어떻게 구성하느냐가 어렵다.

도움말 '조직하다'의 뜻은 '짜서 이루거나 얽어서 만들다'란 의미이고, '구성하다'의 뜻은 '몇 가지 부분이나 요소를 모아서 일정한 전체를 짜 이루다'이다. 두 단어의 의미는 상당히 유사하여 혼용되기도 하므로 한 단어를 삭제하여 간결하게 수정하는 것이 옳다. 목적어에 해당하는 것이 '내용'이므로 문장에서는 '조직하다'보다 '구성하다'가 더 적합할 것 같다.

■ 청소년은 원래가 반항심이 있다고 주장을 하는 사람들이 많다.

→ 청소년은 본디 반항심이 있다고 주장하는 사람들이 많다.

도움말 군더더기 말이 많은 문장이다. '원래가'는 '원래'나 '본디'로 고치는 것이 좋다. '주장을 하는 사람들' 또한 군더더기가 붙은 표현이다. '주장하는 사람들'로 간명하게 수정하는 것이 옳다.

■ 노력과 성공은 밀접한 관계를 갖게 된다.

→ 노력과 성공은 밀접한 관계를 갖는다.

→ 노력과 성공의 관계는 밀접하다.

도움말 '갖게 된다'는 군더더기 표현이다. '갖는다'로 수정하는 것이 좋다. 더 나아가서 '밀접한 관계를 갖는다'는 표현 보다는 '~한 관계는 밀접하다' 또는 '노력과 성공은 밀접한 관계이다'가 더욱 간결한 표현이다.

(3) 문장의 문법

● 교육 내용 및 기대 효과

쓰기는 언어공동체가 공유한 언어 질서를 통해서 자신의 생각을 표현하는 활동이다. 이때 언어공동체가 약속한 언어 질서에 대한 학습은 문법 교육을 통해서 가능하다. 언어 질서는 언어 생활 전반에 소용되는 언어 지식이라는 점에서 비단 쓰기 활동에만 국한되는 것은 아니다.

그런데 교과서의 한 두 단원으로 배우게 되는 문법 교육만으로는 학습자들이 언어 생활에서 필요한 제반 문법 지식을 제대로 익히기 어렵다. 더욱이 이러한 언어 질서의 대부분을 차지하는 문법 학습은 학습자들에게는 지루하고 따분한 배움의 과정이다. 배움에 대한 욕구는 호기심과 즐거움에서 비롯된다는 점을 생각하면, 학습자들이 따분하게 느끼는 문법 교육의 방법이 개선되어야 할 필요성은 절실하다.

다행히 많은 학자들이 문법과 글쓰기의 만남을 강조하였으며, 글쓰기를 통해 문법 교육이 가능함을 보여 주었다. 문법 교육 학자들은

1990년대 이후부터 문법 교육의 독자성을 인정하면서도 다른 영역과의 통합적 교육 방법을 모색해 왔다. 특히 문법 교육은 쓰기 활동과의 연계성이 꾸준히 탐색되었는데, 쓰기 활동이 통합적 교육 방안이라면서 쓰기 활동 안에 문법 교육이 충분히 포함될 수 있음을 시사하였다. 그리고 그것은 문장 교육을 통해서 가능할 것임을 여러 연구자들이 밝히고 있다.

국어 교육에서 담고 있는 문법 교육의 내용을 자세히 살펴보면, 문법 요소의 개념을 전달하는 내용을 제외하면 문장 성분 간의 호응, 문형, 띄어쓰기 등 대부분이 문장에서 지켜야 할 문법적 내용을 학습하도록 구성되어 있다. 다시 말해서 학습자들이 배우고 익혀야 할 문법 지식의 많은 부분이 문장화의 형식적 질서라고 할 수 있다.

문장 단위를 통해 학습할 수 있는 언어 질서에는 성분 호응, 어휘들의 의미 공기 관계, 뜻을 정확하게 나타내지 못하는 모호한 표현 및 중의적 표현, 수식어와 피수식어의 구조적 관계, 띄어쓰기, 문장부호 사용법 등 다양하다.

문장의 언어 질서를 학습하기 위해서는 고쳐쓰기 활동이 주가 된다. 그러나 이 또한 쓰기 능력 신장을 위해서 필요한 국어 지식을 갖추는 연습으로 이해되므로 표현 연습과 무관하다고 볼 수 없다.

교육의 실제

1 성분 호응의 불일치

성분 호응이 일치하지 않는 문장을 보면 대개 문장의 길이가 길다.

문장의 길이가 길다고 해서 이러한 오류가 생기는 것은 아니지만, 글쓰기가 익숙하지 않은 학습자들은 긴 문장을 생성하면 이런 오류를 범하기가 쉽다. 이것은 무슨 연유에서일까? 우리가 정보를 생성하는 크기와 문장의 크기가 동일하지 않기 때문이다.

정보 생성의 크기와 문장 길이는 어느 정도 관련성이 있지만 정확하게 일치하는 것이 아니다. 정보 생성과 정보의 언어화에 대한 연구 등에 의하면 인간은 정보를 억양 단위로 생성한다고 한다. 그런데 하나의 문장은 여러 개의 억양 단위로 쪼개질 수 있다. 따라서 하나의 문장에 여러 개의 억양 단위가 존재하면 성분 간의 호응이 일치하지 않은 경우가 간혹 발생할 수 있다.

가령 문장력이 떨어지는 학습자들의 글은 대개가 주어와 서술어의 거리가 멀다. 이는 정보를 생성할 때 '무엇은'을 먼저 생성하고, '어떻게'를 나중에 생성하기 때문이다. 언어학에서는 이 '무엇은'을 화제라고 칭하고 '어떻게' 부분을 논평이라 칭한다. 주어는 화제에 해당되는 경우가 일반적이며, 서술어는 논평의 마지막에 위치한다. 먼저 떠올린 화제를 문장의 앞에 위치시키는 것이 글쓰기에 익숙하지 않은 학습자들이 갖고 있는 문장 쓰기의 보편적인 습관이다. 그리고 문장이 겹문장이라면 여러 개의 억양 단위로 구성될 확률은 더욱 높아진다. 겹문장을 이루는 홑문장들의 주어와 서술어가 동일하지 않다면 성분 간의 호응 관계가 어긋나는 경우는 더욱 자주 발생할 수 있다.

■ 우리는 수능이 불과 몇 달 남지 않았기 때문에 열심히 공부해야 하는 시점이다.

→ 우리는 수능이 불과 몇 달 남지 않았기 때문에 열심히 공부해야

한다.

→ 수능이 불과 몇 달 남지 않았기 때문에 지금은 열심히 공부해야 하는 시점이다.

도움말 주어 '우리는'과 서술어 '시점이다'를 따로 떼어 읽으면 호응의 불일치를 명확하게 알 수 있다. 주어와 서술어 가운데 하나를 수정해서 호응 관계를 조정해야 한다. 주어에 서술어를 맞추거나 서술어에 주어를 호응시키는 방법이 있다.

■ 사랑은 마주 보는 것이 아니라 같은 곳을 바라본다.

→ 사랑은 마주 보는 것이 아니라 같은 곳을 바라보는 것이다.

도움말 '사랑은 무엇이다'라는 표현으로 고치는 것이 옳다. 그럴 경우 '바라본다'가 아니라 '바라보는 것이다'가 맞는 표현이다. 이 경우는 주어를 서술어에 맞추어 '사랑을 하는 사람들은'으로 수정하면 문장의 원 의미가 변질되므로 서술어를 수정하는 것이 좋다.

■ 그런 편견은 학교뿐만 아니라 기업도 그렇게 여기고 있다.

→ 그런 편견은 학교뿐만 아니라 기업에도 존재한다.

도움말 '여기고 있다'는 '기업도'의 서술어 역할뿐만 아니라 문장 전체의 서술어 역할을 하고 있다. 그 과정에서 문장 전체의 주어인 '편견은'과 어긋난 관계를 형성하였다.

■ 저는 막 사춘기에 접어들어 모든 게 짜증만 나던 시기였습니다.

→ 저는 사춘기에 접어들어 모든 일에 짜증을 냈습니다.

도움말 이 문장의 주어는 '저는'이고 서술어는 '시기였습니다'로, 주술 관계가 일치하지 않는다. 위 문장처럼 수정하는 것이 옳다.

2 부적절한 어휘

부적절한 어휘의 오류는 문장에서 단어 자체를 잘못 선정한 경우, 선정한 단어를 맞춤법에 어긋나게 쓴 경우, 문장 내에서 다른 단어와 의미 관계가 바르지 못한 경우 등으로 나타난다. 이 오류는 부족한 국어 지식에서 기인하기 때문에, 학습자들의 글에서 자주 볼 수 있는 예를 통해 학습하는 방법이 최선이다.

■ 어린 시절엔 하늘을 날으는 슈퍼맨이 나의 우상이었다.
→ 어린 시절엔 하늘을 나는 슈퍼맨이 나의 우상이었다.

도움말 '날으는'의 원래 기본형은 '날다'이며 관형형 어미가 붙은 활용형은 '나는'이다. 학습자들이 언어 습득 과정에서 '날다'의 'ㄹ'이 활용 과정에서 탈락하는 형태에 대해 갖는 심리적 부담에서 이런 오류가 발생한 것으로 추측된다. 형태가 비슷한 것에 '나르다'가 있는데 '물건을 한 곳에서 다른 곳으로 옮기다'라는 의미를 지닌다. '나르다'의 관형형은 '나르는'이다. '날으는'과 '나르는'는 음성형이 [나르는]으로 동일하다.

■ 거치른 벌판으로 달려가자.

→ 거친 벌판으로 달려가자.

도움말 '거치른'의 기본형은 '거칠다'이며 관형형 어미가 붙어 활용할 때는 '거친'이 맞다. 이러한 오류는 어간의 'ㄹ' 음을 유지하려는 의식에서 비롯된 듯하다. 이와 유사한 오류로 어간에 'ㄹ'이 있음에도 불구하고 'ㄹ'을 첨가하는 경우가 있는데, '머리를 잘르다', '답을 몰르다', '속도가 빨르다' 등이 그 예이다.

■ 겨울에는 건조하므로 불조심에 주의해야 한다.
→ 겨울에는 건조하므로 불조심을 해야 한다.
→ 겨울에는 건조하므로 화재에 주의해야 한다.

도움말 '주의하다'라는 서술어는 앞에는 주의해야 할 대상이 오는 것이 옳다. 따라서 '불조심'은 주의해야 할 대상이 될 수 없다. 주의해야 할 대상으로는 '화재'가 적당하다.

■ 충분히 수면을 취하는 것이 피로 회복에 좋다.
→ 충분히 수면을 취하는 것이 피로를 푸는 데 좋다.
→ 충분히 수면을 취하는 것이 원기(건강) 회복에 좋다.
→ 충분히 자는 것이 피로를 푸는 데 좋다.

도움말 광고로 더욱 유명해진 오류로, 일상 생활에서도 이렇게 쓰는 경우를 자주 볼 수 있다. '피로'는 '회복'하는 게 아니라 푸는 것이다. '회복'이라는 단어는 원래의 상태로 돌이키거나 원래의 상태를 되찾는다는 의미이다. 따라서 '피로 회복'이라는 표현은 건강한 상태의 몸을 피로한 상태로 돌려 놓는다는 의미가 되므로, 전달하고자 하는 본래의 의미와 반대의 뜻을 갖게 된다. 세 번째 문장이 쉬운 표현으로 고쳤다는 점에서 가장 적절하다.

■ 어제 독감 예방 접종 주사를 맞았다.
→ 어제 독감 예방 주사를 맞았다.

도움말 의미가 중복되었다. '접종'이라는 단어에는 '예방이나 실험을 위해 항체 따위를 몸에 주입하다'는 의미를 지니고 있다. 따라서 '접종'을 빼거나 '어제 독감 접종을 했다'라는 표현으로 바꾸는 것이 좋다.

■ 사랑은 서로 마주 보는 것이 아니라 같은 곳을 바라보는 것이다.
→ 사랑은 마주 보는 것이 아니라 같은 곳을 바라보는 것이다.

도움말 의미가 중복되었다. '마주'라는 부사는 '서로 똑바로 향하여'라는 의미이므로 '서로'와 의미가 중복된다. '서로'를 빼는 것이 옳다.

■ 날씨가 추워서 밖으로 나가기가 싫다.
→ 날이 추워서 밖으로 나가기가 싫다.

도움말 '추운 날씨'는 가능하지만 '날씨가 춥다'는 어색하다. 이보다는 '날이 춥다'가 자연스럽다.

■ 그는 방에 들어와서야 입었던 외투와 모자를 벗었다.
→ 그는 방에 들어와서야 입었던 외투와 썼던 모자를 벗었다.
→ 그는 방에 들어와서야 외투와 모자를 벗었다.

도움말 '입었던'이 외투와 모자를 수식하고 있는데, '모자'를 수식할 단어로는 '썼던'이 적당하다. '모자'는 '입는' 것이 아니라 '쓰는' 것이다. 깔끔한 문장을 쓰려면 '입었던'을 삭제하는 것이 좋다. '벗었다'는 행위는 착용 상태가 전제되기 때문이다.

■ 우리는 노래방에서 노래와 춤을 추었다.

→ 우리는 노래방에서 노래를 부르며 춤을 추었다.

도움말 앞의 문장과 마찬가지의 오류를 갖고 있다. 춤은 추는 것이지만 노래는 부르는 것이다. 간단하게 표현하다가 단어 간의 의미 관계를 잘못 연결한 경우이다.

■ 시간이 오래 지나서야 그들의 그런 행동은 자유를 갈망하기보다 책임을 회피하려는 의도로 이해되어졌다.

→ 시간이 오래 지나서야 그들의 그런 행동은 자유를 갈망하기보다 책임을 회피하려는 의도로 이해되었다.

도움말 번역투 문장인데 이중 피동이 나타난 오류이다. '되다'가 피동의 의미를 지니므로, '되다'라는 서술어에 피동을 만드는 접사 '-지다'를 굳이 쓰지 않아도 된다.

■ 저에게는 그때 부모님의 말씀이 선생님에 대한 동경심을 만들게 되는 계기가 되었습니다.

→ 저는 부모님의 말씀을 듣고 그때부터 교사라는 직업을 동경했습니다.

도움말 번역투 오류인데, 특히 '동경심을 만들게 되다'라는 표현은 상당히 어색하다. 이 문장을 자연스럽게 수정하기 위해서는 '나'를 주어로, '동경하다'라는 동사를 서술어로 사용하는 것이 좋다.

■ 학교가 학생들의 실력뿐만 아니라 인성 교육을 위해 최선을 다하고 계신다고 들었습니다.

→ 학교가 학생들의 실력뿐만 아니라 인성 교육을 위해 최선을 다하고 있다고 들었습니다.

→ 우리 선생님들께서는 학생들의 실력뿐만 아니라 인성 교육을 위해 최선을 다하신다고 들었습니다.

도움말 '최선을 다하고'의 주체는 '학교'라는 단체이므로, 서술어에서 존칭을 사용할 필요가 없다. 그러므로 '계신다'보다는 '있다'로 고치거나 해당 주체를 '선생님들'로 바꾸는 것이 적절하다.

■ 컴퓨터에 에러가 나시면 우선 부팅을 다시 해 보세요.

→ 컴퓨터에 에러가 나면 우선 부팅을 다시 해 보세요.

도움말 가게 직원들로부터 자주 듣게 되는 경어법 사용의 오류이다. 우리나라 경어법은 체계가 단순하지 않기 때문에 그 사용에 고려해야 할 점들이 많다. 고객과 자주 이야기를 나누는 직원들 처지에서는 행여 있을지 모를 실수를 줄이기 위해서인지 서술어마다 경어를 사용한다. 학습자들의 언어 생활에서도 이런 경우를 종종 보게 되는데, 이는 과도한 경어법 사용이며, 어법에 맞지도 않는다.

■ 우리들에 경우 친구 관계는 무엇보다 중요하다.

→ 우리들의 경우 친구 관계는 무엇보다 중요하다.

도움말 발음과 형태 표기가 혼동된 경우이다. 조사 '의'는 비격식적인 발화에서 [에], [으], [이]로 발음되며, [의]로 정확히 발음되는 경우는 드물어서 첫 음절에서 주로 관찰될 뿐이다. 제시된 문장에 포함된 '의'는 읽을 때 [에]로 발음되기 때문에 이러한 오류를 범했을 것이다.

■ 전염병 예방을 위해서는 사람이 많은 곳을 가능한 피하는 것이 좋다.
→ 전염병 예방을 위해서는 사람이 많은 곳을 가능한 한 피하는 것이 좋다.
→ 전염병 예방을 위해서는 사람이 많은 곳을 되도록 피하는 것이 좋다.

도움말 제시된 문장에서 '가능한'이 잘못 쓰였다. 제한하는 의미로 쓰일 때는 '가능한 한'이 올바르며, '가능한 한' 대신에 '되도록'을 쓰는 것도 좋다. 다만 '되도록이면'은 잘못된 표현이다.

■ 꾸준히 공부하기 위해서는 체력이 건강해야 한다.
→ 꾸준히 공부하기 위해서는 체력이 좋아야 한다.
→ 꾸준히 공부하기 위해서는 몸이 건강해야 한다.

도움말 '체력이 건강하다'라는 말은 없다. '체력'과 '건강하다'라는 단어는 어울리지 않는 관계이다. '체력이 좋다, 체력이 강하다, 몸이 건강하다'라는 표현이 적절하다.

3 띄어쓰기

학습자들이 글을 쓸 때 어려워 하는 것 가운데 하나가 띄어쓰기를 정확히 지키는 것이다. 글을 자주 쓰는 사람이나 전문적으로 글을 쓰는 사람들도 띄어쓰기를 어려워 하는 경향이 있다. 그런데 띄어쓰기를 잘하기 위해서는 단어 개념과 단어를 구분하는 능력이 전제되어야 한다. 띄어쓰기의 원칙은 단어 중심이기 때문이다.

한글 맞춤법에 규정된 띄어쓰기의 원칙은 '단어별로 띄어 쓰되, 조사는 앞말에 붙여 쓴다'는 것이다. 띄어쓰기를 잘하기 위해서는 사전을 보는 습관이 생활화하는 것이 가장 좋다.

- 가는데 마다 점원들이 불친절해서 사고 싶었던 물건을 끝내 사지 못했다.

→ 가는 데마다 점원들이 불친절해서 사고 싶었던 물건을 끝내 사지 못했다.

도움말 '데'와 '마다'의 띄어쓰기가 바르지 않다. 여기서 '데'는 '장소'의 뜻을 갖는 의존명사이므로 띄어 써야 한다. 학습자들이 어미 '-ㄴ데'와 자주 혼동하는데, 학습자들의 이러한 혼동을 방지하기 위해서는 학습자에게 '데' 대신에 '곳, 장소, 바, 경우' 등을 바꿔 써서 글의 의미가 통하면 의존명사이므로 띄어 써야 함을 지도해야 한다.
그리고 '마다'는 보조사이므로 앞 말에 붙여 쓰는 것이 옳다. 이 외에도 2음절로 된 보조사의 경우, 예를 들어 '부터, 까지, 조차, 만큼, 대로' 등에서 띄어쓰기 오류를 자주 볼 수 있다. 특히 2음절 보조사 앞에 오는 말이 길어지면, 앞 말과 보조사를 띄어 쓰는 경향이 강하다.

6 꾸며 쓰기

1) 꾸며 쓰기의 의의

(1) 개념 및 필요성

독자를 대상으로 하는 많은 글들의 목적은 상대를 설득하는 것이다. 설득은 주장하는 글에만 해당되는 것이 아니다. 정서적인 글도 설득을 목적으로 한다. 다만 주장하는 글에서는 논리적 과정을 거쳐 상대방의 의견을 돌이켜 세우는 것이 설득이라면, 정서적인 글에서는 상대방의 정서에 호소해 상대방의 정서직 공감을 이끌어 내는 것이 설득일 것이다. 이것을 논리적 설득과 정서적 설득으로 용어화할 수도 있을 것이다.

이 가운데 정서적 설득 방법에 효과적인 것이 수사법이다. 수사법이란 효과적인 표현을 위해서 글이나 말을 아름답게 꾸미는 방법이다. 보통 실용문에서는 수사법의 사용을 자제하는 것이 바람직한 것으로 알려져 있으나 주장하는 글이나 설명하는 글이라고 해서 수사법을 쓰지 말라는 법은 없다. 논리적인 글이라 하더라도 수사법이 적절하게 사용된다면 내용을 좀 더 효율적으로 전달할 수 있다.

우리의 국어 교육 과정을 보면 수사법은 단순히 지식에 불과하다.

수사법의 종류를 배우고, 교과서에 있는 문장이 어떤 수사법인지를 판별하는 것으로 수사법에 대한 이해는 끝이다. 그러나 수사법은 단순히 교과서에서만 배우는 국어 지식 영역에 국한된 것이 아니라 실생활에서 자주 사용하고 있는 표현 방식이다. 그런데 수사법에 대한 지도가 시문학을 중심으로 진행되다 보니, 학습자들은 시나 소설과 같은 문학 작품을 쓸 때나 소용되는 표현 방식으로 잘못 알고 있는 경우도 적지 않다.

수사법은 단순히 표현 단계에만 해당되는 것은 아니다. 수사법을 사용하여 글을 쓴다는 것은 세계를 해석하여 창의적으로 표현하는 실질적인 과정이다. 창의적으로 표현하기 위해서는 세계를 창의적으로 해석할 줄 알아야 한다. 외부 세계를 창의적으로 받아들이지 못한 사람은 수사법을 쓰더라도 진부한 표현을 쓸 수밖에 없다. 수사법의 생명은 생생함이다. 진부한 표현으로는 상대를 감동시키거나 설득하기 어렵다. 그래서 수사법을 효과적으로 쓰고 싶어하는 사람들은 생생한 표현을 찾기 위해 각별한 의지로 노력하기도 한다.

(2) 교육 효과

수사법을 활용한 쓰기 활동을 통해 다음과 같은 교육 효과를 기대할 수 있다.

첫째, 자신의 생각을 풍성하고 생동감 있게 표현할 수 있다.
둘째, 세상을 창의적으로 해석하고 표현하는 방법을 익힐 수 있다.
셋째, 대상을 세밀하게 관찰하는 힘이 길러진다.
넷째, 언어 사용의 재미를 느낄 수 있다.

2) 쓰기 활동의 실제

(1) 비유하기

교육 내용 및 기대 효과

비유 표현은 설명하고자 하는 대상을 비슷한 속성을 지닌 대상에 빗대어 표현하는 방법이다. 독자의 공감을 이끌어 내기 위해서는 비유 표현에 글 쓰는 이의 창의적인 노력이 필요하다.

학교 교육에서는 비유 표현의 형식을 위주로 교육한다. 직유법은 '마치 ~인 것처럼, ~인 듯이' 등과 같은 형식으로, 은유법은 'A는 B이다'로 설명한다. 그러나 이러한 설명 방법은 학습자들에게 어색한 비유와 어색하지 않은 비유를 설명할 수 없다. 비유 표현은 형식보다도 비유 방법(또는 과정, 내용)이 자연스러워야 한다. 형식을 지켰더라도 방법이 어색하면 비유 표현을 구사하는 원래의 목적과 반대의 결과를 초래한다. 그래서 어색한 비유 표현을 보면 거부감을 느낀다. 다시 말해 거부감을 느끼는 것은 형식 때문이 아니라 비유 과정 때문이다.

비유 표현은 외부 세계를 해석하고 재창조하는 과정이다. 우선 글 쓰는 이는 대상을 세밀하게 관찰하여 남들이 미처 발견하지 못한 속성을 발견해야 한다. 또한 속성의 발견과 함께 대상과 속성의 관계를 확대하여 해석할 수 있어야 한다. 대상과 속성의 관계를 확대한다는 것은 그 관계성을 다양한 대상으로 확대하여 탐색한다는 의미이다. 이것은 보조 관념을 찾는 과정이기도 하다.

따라서 비유하기는 학습자들이 대상을 면밀히 관찰하여 그 대상이 지닌 속성을 발견하도록, 유사한 속성을 지닌 대상을 탐색하도록 지도해야 한다.

교육의 실제

※ 컴퓨터를 갓 배우기 시작한 할머니에게 '더블 클릭'을 비유의 표현으로 설명해 보자.

- 평소에 담뱃재를 재떨이에 터시는 것처럼 마우스 왼쪽 버튼을 빠르게 두 번 누르세요.<학생>
- 장작불에서 나무 타는 소리가 '타닥'하고 나듯이 마우스 왼쪽 버튼을 빠르게 두 번 누르세요.<학생>
- ________________ 마우스 왼쪽 버튼을 빠르게 두 번 누르세요.
- ________________ 마우스 왼쪽 버튼을 빠르게 두 번 누르세요.

도움말 '더블 클릭'이 지닌 속성은 '두 번 눌러야 한다'는 것과 '빠르게 눌러야 한다'는 것이다. 두 번 누른다는 속성은 간명하게 설명할 수 있으나, 빠르게 눌러야 한다는 속성은 전달하기 어렵다. 왜냐하면 빠르게라는 어휘는 상대성을 지니기 때문이다. 할머니 입장에서는 빠르게 눌렀지만 우리가 보기에는 빠르지 않을 수 있다. 따라서 '빠르게'라는 개념을 할머니에게 효과적으로 전달하기 위해서는 우리가 원하는 '빠르게'의 속도를 적절하게 비유할 수 있는 대상을 찾아야 한다.

※ 다음에 제시하는 대상을 직유의 방법으로 표현해 보자. 지금까지 듣거나 보았던 표현들을 벗어나서 나만의 표현을 만들자.

선생님의 화난 모습

· ______________________________

· ______________________________

공부를 전혀 하지 않은 상황에서 맞이하는 시험 전날의 위기감

· ______________________________

· ______________________________

믿었던 친구의 배신

· ______________________________

· ______________________________

간절히 갖고 싶던 물건을 사러 갈 때의 설렘

· ______________________________

· ______________________________

도움말 어떤 대상이나 상황이든 겉으로 드러난 면과 쉽게 드러나지 않는 면을 갖고 있다. 그런데 비유의 대상을 찾을 때 학습자들은 쉽게 찾을 수 있는 겉으로 드러난 면에 집착하는 경우가 많다. 가령 선생님의 화난 모습을 '호랑이'나 '사나운 불독'에 비유하는 경우가 그러하다. 이와 같이 겉으로 드러난 면에 주목하다 보면 상투적 비유를

넘어서기 어렵다. 신선한 비유를 하기 위해서는 드러나지 않은 면을 발견하려는 노력이 필요하다.

※ 다음은 비유 표현이 성립되는 과정을 원관념과 보조관념이 지닌 공통된 속성으로 풀어놓은 것이다. 주어진 비유 표현을 보기와 같이 풀어 써 보자.

· 논리는 나침반이다.<허병두>

논리는 사고의 방향을 올바르게 결정해 준다.

나침반은 방향을 정확하게 알 수 있도록 도와준다.

· 이상은 현실을 견디는 진통제다.<김소운>

이상은 ________________________________

진통제는 ________________________________

· 우유는 슈퍼모델이다.<서울우유>

우유는 ________________________________

슈퍼모델은 ________________________________

· 비타민C는 휴대폰이다.<고려은단 비타민C>

비타민C는 ________________________________

휴대폰은 ________________________________

도움말 은유는 직유의 방법보다 고차원적인 비유 방법이라고 할 수 있다. 은유는 직유에 비해 비유 속성을 겉으로 드러내지 않은 채 독자에게 비유가 성립되는 이유를 이해시켜야 하기 때문이다. 비유의 성립은 글 쓰는 사람의 주관적인 느낌에서 비롯될 수밖에 없지만 그것은 독자와 공유할 수 있는 것이어야 한다.

※ 다음에 제시된 대상을 비유 표현으로 써서 문장을 만들어 보자. 원관념을 적절하게 비유할 수 있는 보조 관념의 탐색이 필요하다.

저녁 하늘 짙게 깔린 노을

· 저녁 하늘에 붉은 홍시 하나 떨어져 터졌다.<학생>

· ______________________________

· ______________________________

내가 좋아하는 누구

· 너는 내 마음을 여는 열쇠.<학생>

· ______________________________

· ______________________________

성적이 떨어졌을 때의 마음

· ______________________________

· ______________________________

도움말 은유 표현을 익히기 위한 연습이다. 우선 원관념을 정확하게 인식한 후, 원관념의 속성을 적절하게 비유할 수 있는 보조관념을 찾아야 한다. 평소에 외부 세계에 대해 적극적인 관심을 갖고 있는 학습자가 어색하지 않은 은유 표현을 작성하는 데 유리하다.

※ 다음의 비유 표현이 어떤 의미를 담고 있을지 이야기해 보자.

· 헤어지자
섬세한 손길을 흔들며
하롱하롱 꽃잎이 지는 어느날<이형기>

· 236억 달러를 벌어온 여권<삼성전자>

도움말 의인법이 성립되는 과정을 이해시키기 위한 연습이다. 수사법은 단순히 표현의 한 방법에 불과하다. 표현을 통해서 의미가 정확하게 전달되어야 효과적인 표현이라고 할 수 있다. 사람이 아닌 것을 사람인 것처럼 표현하는 수사법이 의인법이라고 해서 그러한 표현이 모두 의인법으로써 성공했다고 볼 수 있는 것은 아니다. 수사법은 표현 자체가 목적이 아니라 전달의 효과, 효율성이 목적이 되어야 한다.

(2) 강조하기

● 교육 내용 및 기대 효과

강조 표현은 전달할 대상이 지닌 의미를 뚜렷하게 강조하기 위한 것으로, 과장이나 반복, 점층 등의 수사법이 여기에 속한다.

과장의 표현은 대상을 부풀리거나 축소시켜서 독자에게 선명한 인상을 주는 기법이다. 글에서나 실생활에서 주로 웃음을 자아내는 효과를 동반하기도 한다. 반복은 같은 어구나 비슷한 어구를 되풀이하여 대상이 지닌 의미를 분명하게 표현하는 기법이며, 점층은 어구의 의미를 점진적으로 확대시키면서 독자의 감정을 점진적으로 강화시켜 가는 표현 기법이다.

자신의 생각이나 감정을 주장하기 위하여 강조 표현을 자주 사용하면 글의 진실성이 의심을 받는다. 이것은 마치 솔직하지 않은 사람이 말할 때마다 말 앞에 '솔직히 말해서'를 습관적으로 넣어 자신의 말이 진실임을 청자에게 믿게 하는 것과 같다. 한 편의 글에 강조 표현이 자주 나타나면 강조의 효율성이 떨어질 수밖에 없으므로 적절한 표현 과정이 필요하다.

교육의 실제

※ 다음 제시된 상황을 과장의 방법을 사용해 표현해 보자.

· 짝사랑하던 사람을 길에서 우연히 만났을 때의 기쁜 마음

____

____

· 독후감을 써야 하는 심리적 부담감

____

____

· 내일 시험을 앞두고 느끼는 긴장감

____

____

· 점점 빨라지고 복잡해지는 사회 변화

____

____

도움말 과장의 방법에는 두 가지가 있다. 하나는 실제보다 크게 부풀리는 것이고 다른 하나는 실제보다 축소시키는 것이다. 어느 것이나 과장의 과정이 독자에게 인식될 수 있어야 한다. 독자가 과장을 쉽게 간파할 수 있어야 한다.

※ 다음 제시문처럼 어구들을 반복하면서 의미를 뚜렷하게 부각시켜 보자.

· 산에는 꽃 피네, 꽃이 피네<김소월>

· 웃고 있는 아기

____

· 며칠째 내리는 비

____

도움말 반복 표현은 운율을 동반한다. 반복 표현은 내용의 반복과 리듬감의 반복을 통해 전달하고자 하는 메시지를 독자에게 뚜렷하게 전달하게 된다.

※ 다음 제시문처럼 의미를 확장해 가면서 강조 표현으로 나타내 보자.

· 글쓰기는 자신과의 대화이며, 타인과 소통하는 행위이며, 사회와 교류하는 과정이다.

· 신록은 먼저 나의 눈을 씻고, 나의 ____을 씻고, 나의 ____을 씻고, 다음에 나의 마음 구석구석을 하나하나 씻어 낸다.

· 생각이 바뀌면 _____이 바뀌고, _____이 바뀌면 습관이 바뀌고, 습관이 바뀌면 _____이 바뀐다.

· 우정은 ____

____

· 고독은 ____

____

· 애국심은 ____

____

도움말 점층의 표현 방법은 내용의 비중이나 강도를 점차 높이거나 넓혀 가면서 의미를 강조하는 기법이므로, 독자를 설득하거나 감동을 주는 데 효과적이다. 그러나 억지 점층은 오히려 독자에게 정서적 반감을 갖게 하므로 점층의 과정이 자연스럽게 이어지도록 학습자들을 지도하자.

(3) 변화주기

교육 내용 및 기대 효과

변화 표현은 전달할 대상의 의미를 신선하게 전달할 목적으로 표면적인 의미 구조나 문장 구조에 변화를 주는 수사법이다. 대상의 형식과 의미 간의 관계에 변화를 주는 방법에는 반어법과 역설법 등이 있고, 문장 구조에 변화를 주는 방법에는 대구법, 도치법, 설의법 등이 있다.

이 가운데 반어와 역설은 모순이 발생한다는 공통점이 있으나 반어는 형식과 내용의 모순 관계를 발생시키고, 역설은 표면 구조의 논리적 모순을 통해서 숨은 의미를 전달한다는 점에서 다르다. 의미 구조에 변화를 주기 위해서는 대상이 지닌 속성을 세밀하게 관찰하여 대상이 갖고 있는 관습적 의미에서 벗어나서 대상을 해석할 필요가 있다.

문장 구조에 변화를 주기 위해서는 언어의 문법적 질서를 바탕으로 문장을 재구성하는 능력이 필요하다. 대구법은 비슷한 어구로 짝을 이루도록 변화를 주는 방법이며, 도치법은 문장의 어순을 바꾸어 변화를 주는 일상적인 문장 어순에 변화를 주는 방법이다. 설의법은 평서문을 의문문의 형식으로 바꾸되 내용에는 선언적 의미를 담도록 표현하는 방법이다.

변화주기는 글의 지루함을 덜거나 독자를 환기시킬 목적으로 자주 사용된다. 변화주기의 표현 방법을 제대로 익히면 글을 쓰는 재미를 더욱 느낄 수 있게 된다.

교육의 실제

※ 다음 문장들은 의미 구조에 변화를 준 표현들이다. 이들 문장이 나타내고자 한 의미는 무엇일까?

· 어린이는 어른의 아버지다.

· 지는 것이 이기는 것이다.

· 님은 갔지만은 나는 님을 보내지 아니하였습니다.<한용운>

· 찬란한 슬픔의 봄<김영랑>

도움말 이 과정은 글쓴이가 역설적 표현을 통해 전달하려는 의미를 학습자가 직접 탐색하게 함으로써 역설적 표현이 생성되는 과정을 이해시키는 연습이다. 역설적 표현은 표면적으로는 논리적 모순을 안고 있으나 이면에는 진실성이나 정당성을 담는 기법으로, 이성적으로 이해할 수 없는 초논리적인 진리를 표현하는 데 사용된다. 숨은 진실을 파악하기 위해서는 독자가 적극적으로 이해하려고 노력해야 한다는 점에서 독자를 환기시키는 대목에서 자주 사용된다.

※ 다음 예들은 앰브로스 비어스의 <악마의 사전>에 실린 것으로, 단어들이 실제 사용되는 현장의 의미를 찾아 통념적으로 정의되던 방법을 냉소적인 위트로 바꿔 정의한 경우이다. 읽어 본 후 제시되는 단어들을 이와 같은 방법으로 정의해 보자.

· 감　　탄 : 타인이 자기와 닮은 점을 예의 바르게 인정하는 것
· 다른 방법으로 : 결국 마찬가지로
· 비방하다 : 자신에게 그것을 범할만한 유혹도 기회도 없었던 악덕행위를 남이 하고 있다고 심술궂게 말하다.
· 비 평 가 : 아무도 자기의 비위를 맞추는 사람이 없기 때문에 자신이야말로 아첨에 넘어가지 않는 사람이라고 자부하는 자.
· 상담하다 : 이미 자기 스스로는 결심한 방침에 대하여 타인의 동의를 구하다.
· 일　　기 : 자기 생활 가운데 자신에 대해 얼굴을 붉히지 않고도 말할 수 있는 부분을 기록한 것.
· 예의바른 : 알면서도 모르는 척하는 재주와 훈련을 쌓은

· 여행 : ____________________

____

· 등교 : ____________________

____

· 방학 : ____

____

· 시험 : ____

____

· 정치 : ____

____

도움말 이러한 풀이는 단어의 의미를 그대로 받아들이는 태도를 넘어서 단어가 사용되는 화자와 청자, 언어 상황, 단어 간의 의미 관계를 민감하게 포착할 수 있어야 가능하다. 표면적 의미를 뒤집었다는 점에서 이러한 훈련은 역설적 표현을 찾아내는 과정과 매우 흡사하다.

※ 다음 예문은 비슷한 어구로 짝을 이루어 문장에 변화를 준 경우이다. 이와 같은 방법으로 제시하는 대상을 표현해 보자.

· 돌담에 속삭이는 햇발같이 풀 아래 웃음짓는 샘물같이

· 구름은 하늘을 떠돌고, 바람은 ______________________

· 인류 출현 이전에도 생명이 존재했듯이 인류의 멸종 이후에도 ___

____

· 실패 : 사람은 실패의 크기 때문에 실패하는 것이 아니라 절망의 깊이 때문에 실패한다.

· 두려움 : ______________________________

____

· 희망 : ______________________________

____

· 인내 : ______________________________

____

도움말 대구 방법은 대립되거나 병렬되는 비슷한 어조의 문구를 나란히 두어 문장에 변화와 안정감을 주는 표현법이다. 단조로운 전달 방식을 피하고 가락을 살리는 효과가 있어 독사를 환기시키는 데 유용하다.

※ 다음 예문은 평서문을 의문문 형식으로 변화를 준 경우이다. 제시된 평서문을 의문문의 형식으로 바꾸어 독자를 환기시켜 보자.

· 아기의 웃는 얼굴을 보면 누구도 화를 낼 수 없다.
아기의 웃는 얼굴을 보고 누가 화를 낼 수 있으리?

· 가을 하늘은 맑고 높아서 보는 이로 하여금 감탄을 자아낸다.

____

· 신념을 실천하는 용기를 가진 사람은 아름답다.

____

도움말 설의법은 평서문을 의문문의 형식으로 바꾸되 내용에는 선언적 의미를 담도록 표현하는 방법이다. 서술어를 변형하는 것만으로는 문장이 어색해 지는 경우가 있으므로 이때는 문장 전체를 변형해야 한다.

PART 4

전달 방식을 중심으로 지도하기

쓰기를 통한 의사소통은 대부분이 전달하고자 하는 정보에 대한 서술로 이루어진다. 내용의 전달이 효과를 얻기 위해서는 전달하고자 하는 일이나 대상의 내용에 따라서 글의 서술 방식을 적절하게 선택해야 한다. 그리고 글을 효과적으로 쓰기 위해서는 각각의 방식이 어떠한 특성을 지니고 있으며, 어떤 과정을 거쳐 준비되는 것인지를 정확히 알아야 한다.

이 장에서는 다양한 전달 방식의 특성과 선택한 방식의 특성에 맞게 글을 쓰는 과정을 지도하는 방법을 소개한다.

· 상황의 추이를 전달하기
· 인상적인 느낌을 전달하기
· 원인과 결과로 설명하기
· 견주어 설명하기
· 예를 들어 설명하기

7 효과적으로 전달하기

1) 효과적으로 전달하기의 의의

(1) 개념 및 필요성

쓰기를 통한 의사소통은 대부분이 전달하고자 하는 정보에 대한 서술로 이루어진다. 전달하고자 하는 정보가 감정이나 느낌을 위주로 한다면 정서적인 내용이 될 것이며, 어떤 대상이나 현상, 사건에 대한 지식이라면 설명하는 글이 될 것이고, 자신의 의견이나 주장이라면 논리적인 글이 될 것이다. 그런 점에서 전달하고자 하는 일이나 대상의 내용에 따라서 글의 서술 방식을 적절하게 선택하는 과정 또한 쓰기 과정의 하나라 할 수 있다.

서술은 행위나 사건을 의미와 연결하여 내용을 전달하는 방식이다. 이와 같이 내용을 전달하는 방식에는 서사, 묘사, 원인과 결과, 비교와 대조, 예시, 정의 등이 있는데, 이들을 그 특성에 따라 다시 분류하는 방법도 가능하다. 일반적으로 서사와 묘사의 쓰기 방식을 진술 방식으로, 나머지 방식을 설명 방식으로 구분하기도 한다.

내용 전달 방식을 학습시키기 위해서는 각각의 방식이 어떠한 특성을 지니고 있는지, 그리고 그러한 쓰기는 어떤 과정을 거쳐 준비되는 것인지를 구체적으로 지도할 필요가 있다. 학습자들이 국어 교과서 학습을 통해 설명 방식의 종류나 특성에 대해 배우지만 쓰기 과정에서 그것을 제대로 적용하고 있는지는 의문이다. 이러한 문제를 극복하기 위해서는 내용 전달 방식의 교육은 무엇보다 각 방식이 지닌 특성에 대한 지도와 더불어, 쓰기 이전까지 진행해야 할 준비 과정에 대한 지도도 병행되어야 할 것이다. 예를 들어 두 대상을 비교하는 글을 쓴다고 생각해 보자. 대상을 비교하여 효율적으로 쓰기 위해서는 쓰기 과정 전에 비교 도표를 작성하는 준비 과정이 필요하다. 비교 항목의 설정, 항목에 따른 두 대상의 특성 등을 직접 도표로 작성해 두면 어려움 없이 비교문을 쓸 수 있다.

(2) 교육 효과

쓰기 능력이 갖추어야 할 기본은 자신이 알고 있는 내용을 누군가에게 정확하게 전달하는 것이다. 흔히 고등 수준의 사고 과정, 문제 발견 및 해결 과정을 쓰기의 고차원적인 기능으로 이해하지만, 이러한 것들은 모두 자신이 알고 있는 것을 정확하게 글로 표현할 수 있을 때 더욱 효과적이다.

내용 전달 방식의 쓰기 교육은, 자신이 알고 있는 지식을 전달하기에 적절한 방식을 선택하는 과정과 그 특성에 부합하도록 쓰는 연습을 지도하는 게 목적이다. 그러므로 주요 지도 내용도 '적절한 방법의 선택 방법'과 '선택한 방식의 특성에 맞게 쓰는 과정의 학습'을 그 내용으로 한다.

선택한 방식의 특성에 맞게 쓰기 위해서는 해당 방식으로 글을 쓰는 과정에 대한 학습도 동반한다. 어떤 방식들은 쓰기 전에 거쳐야 할 준비 과정이 글의 효율성을 좌우할 만큼 중요한 경우도 있기 때문이다. 가령 원인과 결과의 설명 방식이나, 비교와 대조의 설명 방식은 쓰기 전에 분석 과정을 거쳐야 한다. 분석 과정이 적절하게 이루어진다면 논리적이고 일관적인 쓰기가 가능하기 때문이다. 이와 같은 경우에는 쓰기 전 분석 과정을 지도하는 데 보다 많은 노력을 기울여야 한다.

2) 쓰기 활동의 실제

(1) 상황의 추이를 전달하기: 서사

교육 내용 및 기대 효과

서사는 기본적으로 시간의 추이에 따른 상황이나 사건의 변화를 설명하는 방식으로, 시간의 질서를 바탕으로 하는 것이 기본 요건이다. 그러므로 서사는 사건 전체와 그 일부, 앞에 일어난 일과 뒤에 일어난 일의 시간적인 관계가 납득될 수 있게 구체화되어야 한다. 그래서 서사가 필요한 글의 글감으로는 시간의 추이가 전제되는 사건의 변화나 그에 따른 심리적 변화가 적당하다. 다만 서사는 사건 전개에 대한 설명이 아니라 사건 전개 자체여야 한다. 이러한 특성으로 인해 서사를 설명 방식에 포함시키지 않기도 한다.

서사문은 단순히 사건의 변화를 전달하려는 목적이 아니라 글쓴이가 전달하려는 어떤 감정이나 의미를 사건을 빌려서 이야기하는 것임을 지도하는 것이 중요하다. 물론 상황의 추이를 단순히 전달하는 서사문도 가능하지만, 그보다는 시간적인 연속선상에서 이루어지는 일련의 사건이 갖는 의미를 전달하는 것이 보다 서사문의 근본적인 기능이다.

또한 서사는 시간의 추이에 따른 상황이나 사건의 변화 과정에 대한 설명이지만 설명될 상황이나 사건의 변화는 서로 긴밀하게 연결되어야 한다. 그런 점에서 개별적인 사건들의 나열로만 그친 글은 서사문이라 할 수 없다.

이러한 사건의 변화나 심리적 변화는 이야기의 일관된 뼈대를 갖추고 있어야 한다. 이 말은 사건이 인과 관계에 따라 유기적인 관련성을 갖고 있어야 한다는 의미이며, 서사가 다루어야 할 내용들이 글의 주제와 긴밀하게 관련돼 있어야 한다는 것을 의미한다. 이야기의 뼈대가 없는 전달은 서사라기보다는 단순한 진술에 가깝다. 결국 글의 내용은 시간에 따른 상황의 변화이지만 궁극적으로 전달해야 할 내용은 상황의 변화가 의미하는 주제이다.

그러므로 학습자들이 정확한 서사문을 작성하기 위해서는 상황이나 사건에 대한 기본적인 이해가 필요하다. 그리고 사건을 구성하는 여러 요소를 자세히 구체적으로 소개하고, 그것들의 유기적인 관계를 밝혀야 한다. 상황이나 사건은 대부분이 복잡하게 얽혀 있지만 핵심은 정밀하게, 주변적 사실은 간략하게 다루는 것이 서사문 쓰기의 요체이다.

교육의 실제

※ 다음 제시문은 주어진 단어를 이용해 쓴 글이다. 이 두 글에서 소개된 사소한 상황들이 배열된 관계가 긴밀성 측면에서 어떠한 차이를 보이는지 비교해 보자.

제시어 : 여름, 해변, 맥주, 의자, 유리창, 나무, 바람, 데이트, 생머리, 모자, 비, 자동차, 장미, 태양

❶ 여름엔 해변에서 맥주를 마시고 싶다. 까페 의자에 앉아 유리창 밖의 나무를 바라보며, 에어콘 바람이 시원한 그곳에서 데이트도 좋겠지. 생머리의 그녀가 모자를 쓰고 왔다. 마침 비가 온다. 비오는 날엔 함께 자동차를 타고 달리는 것이 제격이다. 장미처럼 예쁜 그녀와 함께 태양이 저물어가는 저 너머로!

❷ 어느덧 여름이다. 그러나 벌써 올 여름에 해변으로 놀러 가기는 틀렸다. 놀러 갈 시간적 여유는 많은데, 같이 갈 사람이 없다. 그저 오늘처럼 동네 구멍 가게 파라솔 그늘 아래서 지나가는 사람들을 보며 맥주나 마시며 보내야 할 것 같다. 플라스틱 의자가 조금 뜨거워졌다고 느끼는 순간, 그녀가 나타났다. 골목 어귀에 사는 그녀다. 유리창 너머로 그녀의 모습을 몇 번 본 적이 있다. 나무로 된 샌들을 시고 어딘가로 간다. 바람에 살랑대는 그녀의 원피스 자락이 아름답

다. 데이트를 가는 것일까? 거를 때마다 흔들리는 그녀의 생머리가 그녀의 들뜬 기분을 말해주는 것 같다. 모자에 눌려 땀에 젖은 내 머리카락을 생각하며 그녀의 모습을 보니 더욱 부아가 났다. 비라도 내려라! 지나는 자동차 흙탕물맛이라도 봐라! 애인이 줬을지 모를 장미 다발도 다 망가져라! 갑자기 태양 빛이 짜증스러워졌다. 나는 내 앞에 놓은 맥주를 벌컥벌컥 마셨다.

〈김정우, '카피연습장'〉

도움말 글 ❶은 제시된 단어를 사용하는 데 급급한 나머지 상황들을 단순히 나열하는 데 그쳤다. 이러한 상황들은 하나의 일관된 의미로 파악되지 않기 때문에 적절한 서사문으로 보기 어렵다. 이에 비해 글 ❷는 더운 여름날 휴가를 보내지 못하는 불편함 심경을 여러 가지 상황들로 긴밀하게 표현하고 있다.

※ 다음 제시어를 사용해 한 편의 서사문이 되도록 글을 써 보자. 제시어의 순서를 지킬 필요는 없지만 만들어진 작은 상황들은 서로 유기적으로 연결되어야 한다.

제시어 : 바람, 의자, 신문, 연필, 구름, 생각, 일요일

도움말 이러한 쓰기 활동에서는 학습자들이 제시된 단어를 사용하는 데 급급해서 서사문이 갖추어야 할 기본적인 특성을 간과하기가 쉽다. 그러므로 학습자에게 글 전체의 주제, 다시 말해서 전달하려는 메시지를 명확하게 설정한 후에 단어를 이용해 개별적인 상황들을 만드는 연습을 지도해야 한다. 가령 '전달할 메시지 설정→제시된 단어를 포함하여 개별 사건 만들기→쓰기' 순서로 서사문을 작성하도록 지도해야 한다.

이 문제를 예로 들어 보자. 제시된 단어 가운데 일요일이 있으므로, 전달할 내용을 '오랜 만에 맛보는 한가로운 일요일'로 설정해 보자. 그리고 일요일의 한가로움을 부각시키기 위한 개별적인 사건들을 만들어 보자. 제시된 단어를 이용하면 '열어둔 창문을 통해 불어오는 바람', '맑은 하늘에 느릿느릿 이동하는 구름' '의자에 앉아서 신문의 십자말 퀴즈 풀기', '밀려드는 여러 생각들' 등의 개별 사건이 가능할 것이다. 그리고 만들어둔 개별 사건들을 자연스럽게 연결해 '한가로운 일요일'이 부각되도록 쓰면 된다.

제시어 : 겨울, 운동장, 얼굴, 여행, 늦잠, 운동화, 그리움, 하늘, 유리창, 나무, 전철, 우유, 삶

도움말 방법은 위와 동일하다. 우선 제시된 단어를 보고, 전달할 메시지를 선정하는 과정이 관건이다. 그리고 제시된 단어를 고려해 개별 사건들을 만든 후, 개별 사건들이 자연스럽게 이어질 수 있도록 순서를 시간의 흐름에 따라 개별 사건들을 나열해야 한다.

※ 다음의 첫 상황과 끝 상황이 자연스럽게 이어지도록 하나의 서사문을 완성해 보자.

첫 상황 : 친구와 놀이 공원에 갔다.
끝 상황 : 친구가 먼저 집에 갔다.

도움말 친구와 놀이 공원에 갔는데, 어떤 이유로 인해 친구가 먼저 집에 가게 된 사건을 만들어야 한다. 문제는 첫 상황과 끝 상황이 자연스럽게 연결할 수 있는 중간 사건으로 합당한 '어떤 이유'를 설정해야 한다는 것이다.

첫 상황 : 일요일에 시험 공부하러 도서관에 갔다.

끝 상황 : 막차를 놓쳐 집에 걸어서 왔다.

도움말 막차를 놓친 이유가 되는 사건을 만들어야 한다. 하루 종일 있었던 사건을 나열할 필요는 없다. 제시된 첫 상황과 끝 상황을 연결하는 중간 상황으로 막차를 놓친 사건이 핵심이 되어야 한다. 그리고 그것이 설득력 있는 구성이 되기 위해서는 시간의 변화에 따른 사건 전개가 유기적으로 이어져야 한다.

(2) 인상적인 느낌을 전달하기: 묘사

● 교육 내용 및 기대 효과

묘사는 우리의 감각을 활용하여 대상을 생동감 있고 자세하게 전달하는 방식이다. 그때의 대상은 외형적 특징인 경우가 일반적이다. 묘사의 방식을 흔히 '그림을 그리듯이'로 설명하는데 이는 묘사가 느낌의 생동감을 자세하게 담고 있어야 함을 의미하는 말이다.

묘사는 대부분 시각에 의존하는데, 우리가 주로 시각을 통해 대상에 대한 인상을 받는다는 이유도 있지만 그만큼 시각적인 내용의 전달이 분명하기 때문일 것이다. 그러나 묘사에는 시각 외에도 미각, 촉각, 후각, 청각 등이 동원된다.

묘사의 쓰기가 학습자들에게 주는 효과는 사소한 자신의 느낌을 보다 세밀하게 관찰하여 표현하는 힘을 길러준다는 것이다. 막연하게 '어떠하다'라고 쓰기보다는 '어떠하다'라고 느낀 전체적인 인상, 또는 그것을 이루는 세부적인 요소들에 대해 섬세하게 써야 하기 때문이다. 학습자들이 인지한 느낌을 묘사를 통해 잘 나타내기 위해서는 시각뿐만 아니라 다양한 감감의 묘사를 연습할 필요가 있다. 시각에 비해 상대적으로 모호하고 추상적으로 인지되는 다양한 감각에 대한 묘사를 통해 자신이 인지한 미세한 느낌을 제대로 살려 표현하는 힘을 기를 수 있다. 묘사도 서사와 마찬가지로 느낌의 조각들을 함부로 나열해서는 안 된다. 묘사 과정에 필요한 느낌은 인상적인 것을 위주로 이루어질 때 보다 효율적일 수 있다. 인상적인 부분을 두드러지게 묘사해야 되며, 대상이 갖는 특징이라 하더라도 나의 느낌과 관련되지 않은 사소한 부분은 생략하는 것이 효과적이다.

교육의 실제

※ 다음은 어떤 인물들의 캐리커처이다. 캐리커처의 대상 인물이 누구인지 말해 보고, 캐리커처의 어느 부분을 보고 그렇게 판단했는지를 써 보자.

❶ 

❷ 

출처 http://blog.naver.com

❶ ____________________

____

____

____

❷ ____________________

도움말 이 연습은 묘사의 특성을 이해시키기 위해 준비된 것이다. 캐리커처는 인물도의 한 종류이지만 인물을 사실적으로 그리는 것은 아니다. 그럼에도 불구하고 성공적인 캐리커처는 보는 이로 하여금 그 대상 인물이 누구인지를 분명하게 파악할 수 있도록 한다. 그것은 대상의 특징 가운데 가장 두드러진 특징을 과장하여 부각시켰기 때문에 가능하다. 묘사의 글쓰기도 마찬가지이다. 감각을 통해 인지된 모든 것을 묘사하는 것이 아니라 주된 인상을 중심으로 묘사하는 것이 효율적이다.

※ 다음에 제시하는 내용을 묘사의 방법으로 설명해 보자.

■ 볼 살을 할퀴는 겨울 북풍의 매서움

도움말 묘사의 중요한 가치는 대상을 살아 숨쉬는 것처럼 표현함으로써 독자를 위해 분명한 인상을 창조해 내는 데 있다.

그러한 인상의 창조는 대상에 대한 객관적인 전달보다는 주관적인 인상이 중심이 되어야 한다. 그리고 독자로부터 공감을 얻기 위해서는 심리적인 요소를 먼저 공감시키는 것도 한 방법이 될 수 있다. 인상이라는 것은 보통 객관적인 요소보다 주관적인 요소와 결부되기 때문이다. 겨울 북풍의 매서움을 심리적인 요소의 설명과 더불어 묘사한다면 더욱 효과적일 것이다.

■ 가장 맛있게 먹었던 라면의 맛

도움말

라면의 맛을 객관적으로 묘사하여 나열하기보다는 그 라면을 먹었던 당시의 과정과 라면을 먹으면서 느꼈던 즐거움을 상세하게 묘사하는 것이 바람직하다. '어떤 맛'을 설명하기 보다는 가장 맛있게 라면을 먹었던 배경 분위기를 묘사하는 것이 효과적일 수 있다.

■ 몹시 배고픈 상황에서 갈비집 앞을 지나다 맡게 된 갈비 굽는 냄새

도움말 묘사문은 길게 쓸 필요가 없다. 자신의 인상을 독자에게 전달할 분량이면 족하다. 묘사가 길어지면 오히려 장황한 느낌을 독자에게 줄 수 있으며 생동감도 반감될 수 있다. 그리고 묘사는 본인이 알고 있는 지식의 전달이나 대상에 대한 설명이 아니므로 감각을 통해 인지하는 것이 어떤 것인지를 설명하는 것은 자제하는 것이 좋다. 다시 말해서 갈비 냄새가 어떤 냄새인지를 설명할 필요가 없다. 내가 묘사할 것은 갈비 냄새에 대한 내 느낌이다.

■ 신경을 날카롭게 자극하는 소리(모기 소리, 쇠로 유리창을 긁는 소리 등)

도움말 제시된 소리들이 가진 공통점들을 생각해 보자. 그리고 그러한 소리들의 어떤 특성이 신경을 날카롭게 자극하는지도 생각해 보자. 앞에서 제시한 겨울 해풍의 매서운 느낌이나 라면의 맛 같은 경우는 심리적인 요소가 크게 작용하지만 이 소리들은 심리적인 요소와 크게 상관없이 신경을 자극한다는 공통점이 있다. 이 소리들의 특징들을 상세하게 묘사해 보자.

■ 내 친구의 첫인상

도움말 흔히 묘사의 대상으로 가장 어려운 것이 사람 얼굴이라고 한다. 그래서 작가를 지망하는 사람들이 사람 얼굴을 묘사하는 연습을 통해 표현력을 훈련한다는 소리도 있다. 학습자들에게 사람 얼굴을 묘사하게 하면 얼굴을 구성하는 개별 요소들을 빠짐없이 포함시키는 경우가 자주 있다. 그 사람으로부터 받은 주도적인 인상을 부각시킬 수 있는 묘사가 되도록 특징적이지 못한 것은 과감히 배제하는 것이 좋다.

■ 운동을 심하게 한 다음날의 몸 상태

도움말 근육이나 관절의 느낌을 상세히 묘사하는 것이 중요하다. 이런 느낌은 심리적인 요소로부터 크게 영향을 받지 않지만 독자를 공감시키는 한 방법으로 운동을 어느 정도로, 어떻게 했는지에 대한 설명을 가미하는 것도 한 방법이다.

(3) 원인과 결과로 설명하기: 인과

교육 내용 및 기대 효과

원인과 결과의 글쓰기는 어떤 현상에 대한 원인과 결과를 분석하여 그 인과 관계를 분명하게 전달하는 쓰기 방식이다. 대부분의 논리적인 글은 이와 같은 인과적 분석이 포함되므로, 실용적인 글에서 주로 유용하게 사용된다.

원인과 결과의 쓰기에서 주의할 것은 어떤 현상을 너무 단순화해서는 안 된다는 것이다. 원인과 결과가 드러났다고 해서 원인과 결과의 글쓰기가 되는 것은 아니다. 현상에 대한 분석 과정이 글에 포함되어야 하며, 원인에서 결과까지 이어지는 과정이 논리적이고 체계적이어야 한다. 그러므로 원인과 결과의 쓰기 활동에서 학습자들에게 지도할 것은 쓰기 전에 어떤 현상에 대한 원인이나 결과를 체계적으로 분석하는 방법이다.

일반적으로 어떤 사건이나 현상들이 하나의 원인으로 인해 발생하는 경우는 드물다. 대부분의 현상들은 다차원적인 원인으로 인해 발생하는데, 부주의한 분석으로 인해 한 두 개의 원인만 나열해서는 해당 현상이나 사건을 논리적으로 설명할 수 없다. 다양한 원인을 찾는 방법과 그 원인들을 계층적으로 분류하는 연습을 지도할 필요가 있다.

가령 직접적인 원인과 간접적인 원인, 핵심적인 원인과 주변적인 원인, 내부적인 원인과 외부적인 원인 등을 보다 체계적으로 분석할 수 있어야 한다. 또한 원인과 결과가 연쇄적으로 이어지는 경우도 있다. 어떤 원인이 하나 이상의 결과를 낳게 되고, 그 결과가 원인이 되어 다른 결과를 낳게 되기도 한다.

그러므로 학습자들이 원인과 결과의 설명 방법을 제대로 익히기 위해서는 원인이 단순하지 않고 다양한 것들, 또는 원인과 결과가 서로 연쇄적인 것으로 드러나는 글감을 준비하는 것이 좋다.

교육의 실제

※ 다음은 신문 사설의 앞 부분이다. 이 내용을 원인으로 하여 이후에 일어날 결과에 대해 써 보자.

> ○○○ ○○○가 최근 슈퍼마켓 사업에 본격 진출하겠다고 선언했다. 서울 세 곳에 330㎡(100평) 안팎의 점포 부지를 확보해 연내 문을 연다는 계획이다. 돈이 된다 싶으면 동네 소규모 가게들은 죽든 말든 괘념하지 않겠다는 것이다. 이미 ○○○○(○○슈퍼), ○○○○○(○○슈퍼마켓), ○○○○(○○○○○) 등 다른 대기업들은 대형 할인점이 포화 상태에 이르렀다는 판단에 따라 수년 전부터 400개 이상의 기업형 슈퍼마켓을 열고 치열한 경쟁을 하고 있다.
>
> 〈경향신문 09. 4. 24, '대기업의 동네 상권 싹쓸이 보고만 있을 건가'〉

도움말 사건은 연쇄되어 나타나는 것이 일반적이다. 대형 기업의 기업형 슈퍼마켓 진출은 여러 가지 결과를 낳을 수 있다. 또한 그 결과로 그치지 않고 그것이 원인이 되어 다른 문제점을 낳을 수 있다. 현상의 발생과 결과를 유기적으로 분석하는 연습이 필요하다.

※ 현재 우리나라는 다른 나라에서는 그 예를 찾기가 어려울 만큼 사교육 열풍이 대단하다고 한다. 그리고 사교육 시장은 해마다 큰 폭으로 커지고 있다고 한다. 정부는 해마다 사교육 억제 정책을 발표하고 시행하지만 실효를 거두지 못하고 있다. 사교육 실태가 지금에 이르게 된 원인들을 다각적으로 분석하고, 그 원인들을 정리해 글로 써 보자.

도움말 다양한 원인들을 우선 찾아야 한다. 그리고 그 원인들 가운데 어느 것이 핵심이 되는 것인지 주변적인 것인지를 가려야 한다. 또는 직접적인 원인과 간접적인 원인으로 나누는 방법도 가능하다. 발견한 원인들을 어떤 식으로 계층화하는 것이 효율적인지 고민하는 것도 연습의 하나이다.

※ 얼마 전 정부에서는 사교육 억제 정책의 일환으로 학원의 심야 학습 시간을 제한하는 조치를 발표했다. 하지만 시민 단체 및 교육 관련 전문가들은 이러한 조치가 실효를 거둘 수 없다고 지적하였다. 이러한 조치가 시행된 이후에 나타날 수 있는 결과들을 추측해 본 후 한 편의 인과문이 되도록 글을 써 보자.

도움말 하나의 사건을 빌미로 이후에 진행될 일련의 과정들을 생각하고 그 결과를 글로 써 보는 연습이다. 제시된 상황은 원인과 결과가 연쇄적으로 나타날 수 있는 성질의 것이다. 그러므로 일련의 과정들을 생각해 보고, 그 과정들을 논리적으로 이해시키는 글을 쓸 수 있도록 지도해야 한다.

※ 현재 우리나라 청소년들이 휴대폰을 사용하는 데에 많은 문제가 있다고 한다. 어떤 문제점들이 있는지 찾아서 문제점들 간에 원인과 결과를 따져본 후, '청소년들의 휴대폰 사용의 문제점'이라는 화제로 원인과 결과가 드러나는 한 편의 글로 써 보자.

도움말

'청소년들의 휴대폰 사용에 문제점이 많다'는 것이 현재의 상황으로 제시되었다. 문제점으로 '비경제 활동', '과도한 사용', '통신 예절' 등이 거론할 수 있다. 문제점을 보다 다양하게 수집한 후, 각각의 문제점이 어떠한 결과를 초래할지를 병렬식으로 제시하는 것이 효과적일 것이다.

(4) 견주어 설명하기: 비교

● 교육 내용 및 기대 효과

비교와 대조의 쓰기는 설명하고자 하는 대상과 다른 대상과의 유사점과 차이점을 중심으로 그것을 설명하는 방법이다. 이 쓰기는 비교와 대조가 진행된 두 대상을 동일한 무게로 설명하는 것이 아니라 특정 대상의 특성을 더욱 뚜렷하게 부각시키는 데 목적이 있다. 이 설명 방법은 비교 대상을 선정하고 유사점과 차이점을 따져본다는 측면에서 대상을 보다 적극적으로 관찰하는 방법이라고 할 수 있다.

효과적인 비교와 대조를 위해서는 몇 가지에 유의해야 한다.

우선 설명하고자 하는 대상의 특성을 잘 보여줄 수 있는 적절한 비교 대상을 선정해야 한다는 것이다. 바지를 모자에 비교하는 것은 온당한 비교라고 할 수 없는 이치와 통한다. 바지를 치마와 비교하는 것이 보다 적당한 방법이다. 이처럼 비교의 대상은 동일한 속성을 가지고 있어야 하며, 동일한 속성이 없는 대상과 비교하는 것은 무의미하다.

다음으로 유의할 사항은 두 대상의 유사점과 차이점이 구체적으로 명시해야 한다는 것이다. 막연하게 '유사하다, 차이가 있다'라고 설명하는 것은 무의미한 비교이다. 어떤 특징이 어떻게 유사한지, 어떻게 차이가 있는지를 구체적으로 밝혀야 한다. 이때 두 대상을 비교할 때는 비슷한 분량으로 설명하는 것이 바람직하며, 한 대상에서 설명한 특징은 다른 대상에서도 반드시 언급하는 것이 바람직하다.

이러한 설명 방법은 학습자에게 대상에 대해 보다 적극적으로 관찰하는 능력을 길러주며, 비교와 대조의 방법을 통해 대상의 특성을 보다 분명하게 설명하는 방법을 지도할 수 있다. 그런데 이 연습은 쓰기 전의 활동을 중심으로 지도하는 것이 바람직하다. 두 대상을 비교한 후 도표로 정리하는 과정부터 지도하는 것이 좋다. 비교 과정이 올바르지 않다면 정확한 설명을 할 수 없기 때문이다. 비교 도표에 항목을 적절하게 선정하고, 그것을 통해 이루어진 비교 과정이 객관적이라면 어려움 없이 비교와 대조의 글을 쓸 수 있다. 그러므로 비교와 대조의 쓰기 활동은 비교 과정에 대한 연습이 중요하다.

● 교육의 실제

※ '힙합'의 특성을 비교와 대조의 방법을 이용해 설명하고자 한다. '힙합'의 특성을 잘 드러낼 수 있는 비교 대상 두 개를 선정하고 그 이유를 써 보자.

<단계 1>

비교 대상 : ______________________________

선정 이유 : ______________________________

____

____

____

____

비교 대상 : ______________________________

선정 이유 : ______________________________

____

____

____

<단계 2>

'힙합'을 설명하기 위해 선정한 두 개의 비교 대상 가운데 어느 것을 선택하여 글을 쓰는 것이 '힙합'의 특성을 더욱 부각시키는 데 효율적인지를 생각해 보자.

____

____

____

____

____

도움말 이것은 '힙합'을 보다 자세하고 정확하게 설명하기 위해서 비교할 수 있는 대상을 바르게 선정하는 연습이다. 비교 대상을 무엇을 선택했느냐에 따라서 힙합의 특성이 잘 드러나기도 하며 그렇지 않기도 하다. 비교 대상으로 선택된 두 개의 대상을 통해 어떤 것이 힙합을 설명하는 데 보다 적절한지를 학습자 스스로 깨닫게 하는 것이 중요하다.

※ 인터넷의 '블로그'가 무엇인지를 설명하기 위해 그 비교 대상으로 '홈페이지'를 선정하였다. 두 대상의 유사점과 차이점을 적어보고, 그것을 적절하게 항목화해 보자.

유사점 : ______________________________

____

____

____

차이점 : ______________________________

____

____

____

비교 항목 :

① ______________ ② ______________

③ ______________ ④ ______________

⑤ ______________ ⑥ ______________

도움말 이것은 비교의 글을 쓰기 전에 비교 대상을 선정하고, 두 대상을 효율적으로 비교·대조하기 위해 비교 항목을 선정하는 연습이다. 적절한 비교 항목이 선정되어야 대상을 정확하게 드러낼 수 있는 비교문의 작성이 가능하다는 점에서 비교 항목의 선정은 비교문 쓰기에서 소홀히 할 수 없는 과정이다. 보통 학습자들이 선정할 수 있는 비교 항목은 한정되어 있다. 그것은 두 대상을 정확하게 알고 있어야 가능한데 그렇지 못한 경우가 많기 때문이다. 따라서 학습자들에게 신문, 백과사전, 인터넷 등을 찾아 활용하여 비교 항목을 선정하도록 지도하는 것도 좋은 방법이 될 수 있다.

※ '춘향전'과 '로미오와 줄리엣'은 각각 우리나라와 영국을 대표하는 고전 문학 작품이다. 이 두 이야기를 비교하는 아래의 도표를 작성해 보자.

항 목	춘향전	로미오와 줄리엣
주제		
역경의 원인		
역경의 극복 과정		
사랑의 결과		
주변 인물과 그 역할		
주요 소재 및 그 역할		

도움말 이것은 비교 도표를 작성하는 연습이다. 비교문을 쓰기 전에 두 대상을 비교하는 도표를 작성하는 것은 글을 보다 쉽고 정확하게 쓰는 하나의 방법이다.

이 연습은 두 가지 기능을 한다고 볼 수 있다. 하나는 위에서 이야기한 것처럼, 비교 도표를 통해 두 대상의 특징을 항목별로 유사점과 차이점에 대해 일목요연하게 정리해 두면 비교의 글을 기계적으로 쓸 수 있다는 점이다. 다른 하나는 비교 도표를 작성하는 과정에서 비교 대상을 적절하게 선택했는지, 비교 항목을 적절하게 선정하였는지에 대한 자기 검토가 가능하다는 점이다.

※ 우리나라의 건국 신화와 서양의 신화인 그리스 · 로마 신화를 비교하는 글을 쓰려고 한다. 비교 항목을 적절하게 설정하고, 두 신화의 유사점과 차이점을 찾아 아래 도표를 채워 보자.

항목	우리나라 건국신화	그리스 · 로마 신화

도움말 이 연습 또한 비교문을 쓰기 전에 비교 도표를 작성하여 두 대상의 특징을 보다 구체적으로 정리하는 훈련이다. 앞의 연습이 비교 항목을 제시해 두었다면 이 연습에서는 비교 항목을 숨겨두어 학습자 스스로 비교 항목을 탐색하는 훈련도 겸하고 있다. 학습자들이 글을 쓰기 어려워하는 주된 원인 가운데 하나가 아무런 준비 없이 글부터 쓰려고 덤비기 때문이다. 글을 쓰기 전에 효율적으로 글을 쓸 수 있는 연습 또한 쓰기 교육에 포함시켜야 할 주요 내용이라고 할 수 있다.

※ 동양 의학과 서양 의학을 비교하는 글을 쓰려고 한다. 비교 항목을 적절하게 설정하고, 두 의학을 비교할 수 있는 항목을 찾은 후 다음 도표를 채워 보자.

항목	동양 의학	서양 의학

※ 다음에 제시된 예를 보고, 두 나라의 교육 방법을 비교하는 한 편의 글을 써 보자.

우리나라 초등학교 수학 문제	스웨덴 초등학교 수학 문제
6 + 9 = ( )	( ) + ( ) = 15
6 + ( ) = 15	( ) + ( ) = 15
( ) - 7 = 6	( ) - ( ) = 6
13 - 7 = ( )	( ) - 7 = ( )

도움말 우선 제시된 자료를 보고 두 대상의 차이점을 비교 분석해야 한다. 그러한 비교 분석은 겉으로 드러난 형식적인 면으로 그쳐서는 안 되며, 형식적인 특성을 근거로 교육 목표나 교육 철학과 같은 본질적인 특징을 찾아낼 수 있어야 한다. 이러한 비교 분석 과정이 끝나면, 앞에서 연습한 비교 도표를 작성하게 하고, 비교 도표에 근거해 비교문을 쓰게 하자.

(5) 예를 들어 설명하기: 예시

교육 내용 및 기대 효과

우리가 글을 읽을 때, 그 내용을 이해하기 어렵다가도 적절한 예를 만나면 내용을 쉽게 이해할 수 있다. 이것이 바로 예시의 목적이 된다. 다시 말해 예를 들어 설명하기는 전달하려는 내용을 쉽게 이해시키기 위해 필요한 내용 전달 방식이다.

적절한 예시는 글을 풍성하게 할 뿐 아니라 내용을 지루하지 않게 전달하는 방법이 되기도 한다. 전달하려는 내용으로만 채워지기보다 독자로 하여금 정보를 수용하는 과정에 여유를 주기도 하며, 끊임없이 받아들여야 하는 지식과 정보의 수용 과정에서 그것을 이해하고 파악하는 데 충분하지 않았던 부분에 대한 보충 설명의 기능을 한다고 볼 수 있다. 다음의 예를 보자.

> 한국의 전통적인 건축은 각각의 건축 공간이 우선 채와 채로서 따로따로 건립되고, 다음 채 안에서 다시 여러 개의 간으로 분화되는 특징을 갖는다.

위의 내용은 우리나라 전통적인 건축의 기본적인 특징을 설명한 문장이다. 문장이 담고 있는 내용이 복잡하거나 많은 것은 아니지만 문장 가운데 포함되어 있는 '채'와 '간'의 의미를 알고 있지 못하는 독자에게는 이 문장이 모호하게 이해될 뿐이다. 그래서 다음과 같이 예를 들어 설명하는 부분이 필요하게 된다.

> 예컨대 주택에 있어 사랑채 · 안채 · 행랑채 · 별당 등이 여러 채로서 하나의 커다란 주택을 이루고, 다시 사랑채는 사랑방 · 침방 · 대청 · 누마루 등으로, 안채는 안방 · 윗방 · 건넛방 · 대청 · 누마루 등으로 간의 분화를 이루는 것이다. 궁궐, 향교, 서원 등 모든 건축에서 같은 공간 분화를 보여 준다.(출처: 주남철, "한국전통건축에 나타난 미적 특징, 미의식, 미학사상." 「한국미학시론」. 고려대학교 한국학연구소. 1994)

글에는 '채'와 '간'의 의미를 설명하지 않았지만, 예를 든 글을 통해 독자는 '채'와 '간'의 의미를 보다 분명히 이해하게 된다. 그리고 '채'와 '간'의 기능과 크기를 가늠할 수 있게 된다.

한편 예를 들어 설명할 때는 무엇보다 적절한 예의 제시가 중요하다. 비교문을 작성할 때 비교 항목의 선정이 중요했던 것처럼 예시 과정에서는 적절한 예의 선정이 중요하다. 막상 예를 든다는 것이, 전달하고자 하는 내용과 별개이거나 오히려 독자의 이해를 방해하는 경우라면 예를 드는 의미가 살아나지 않는다.

그래서 학습자들에게 예를 들어 설명하기의 글을 쓸 때는 적절한 예를 찾는 과정에 대한 연습부터 진행되어야 한다.

● 교육의 실제

※ 다음은 제시된 문장의 내용이 온전히 전달될 수 있도록 보충 설명할 예를 찾는 과정이다. 제시문의 부족한 내용을 질문화해 보자. 그리고 찾은 질문 가운데 어떤 질문을 중심으로 예시하는 것이 적절한 방법이 될 수 있는지 생각해 보자.

> 굴뚝 산업들이 많은 지역은 다른 지역에 비해 대기 오염이 심한 편이다.

① 굴뚝 산업이란?
② 굴뚝 산업이 어떻게 대기 오렴을 시키는가?
③ 굴뚝 산업이 많은 지역과 그렇지 않은 지역은?

위와 같은 방법으로 다음에 제시하는 문장의 내용을 보충할 수 있는 적절한 예를 생각해 적어 보자.

위약 효과는 몸과 마음이 분리되어 작동하는 것이 아님을 보여주는 하나의 예이다.

① ______________________________

② ______________________________

③ ______________________________

도움말 이것은 제시된 문장의 불충분한 부분을 독자의 입장에서 찾아서 스스로 질문을 던지는 연습이다. 그 질문에 대한 답이 제시된 문장을 보충하는 예가 될 수 있다. 위 제시문에서는 '위약 효과란', '위약 효과가 발휘된 예', '몸과 마음이 분리되어 작동하는 것이 아니라는 다른 증거들은 어떤 것이 있나?' 등의 질문이 작성될 수 있다. 이 가운데 두 번째 질문과 세 번째 질문에 대한 답변이 제시문을 보충할 예시에 해당하는 내용이 된다.

※ 다음은 제시된 문장의 내용이 온전히 전달될 수 있도록 보충 설명할 예를 찾아 써 보자.

오늘날 다양한 매체가 개발되고 널리 보급되면서 시민들이 정치에 참여하는 방법 또한 과거에 비해 다양해졌다.

____

도움말 위 제시문에 대한 예시문을 작성하기 위해서는 '어떤 매체가 개발되고 보급되었는가, 과거에 시민들이 정치에 참여하는 방법과 오늘날에 시민들이 정치에 참여하는 방법은 어떻게 차이가 나는가? 그 가운데 매체의 발달과 관련된 정치 참여 방법에는 어떠한 것이 있는가?' 등과 같은 질문을 스스로 할 줄 알아야 한다. 이러한 질문에 대한 설명이 예시문을 구성하는 내용이 될 것이기 때문이다. 그래서 예시의 글쓰기는 독자를 고려하는 자세가 필요하다.

※ 다음은 제시된 문장의 내용이 온전히 전달될 수 있도록 예를 들어 보충 설명해 보자.

> 대학 입시를 준비하면서 국어 과목은 사회 과목에 비해 공부해야 할 양도 많으며 혼자서 공부하기도 쉽지 않다는 것을 알게 됐다.

도움말 위 문장에 대한 보충 설명을 적절히 하기 위해서는 단순히 국어 과목의 공부 양을 사회 과목과 비교하기보다는 입시 준비와 관련해 설명하는 것이 적절하다. 마찬가지로 혼자서 공부하기 어려운 이유도 입시 준비와 관련해 설명하는 것이 바람직하다.

참고 문헌

김명순(2002) “표현적 쓰기의 특징과 지도 방향.” 「국어교육」 109. 한국어교육학회.

김수미(2008) “글쓰기의 본질과 수사법에 대한 재인식.” 「우리문학연구」 25. 우리문학회.

김정애(1993) “문단 쓰기를 통한 작문력 신장 방안 연구.” 「청람어문학」 10. 청람어문교육학회.

김정우(2006) 「카피연습장 1」 커뮤니케이션북스.

김정우(2007) 「카피연습장 2」 커뮤니케이션북스.

김종호(2009) “‘정의문 형태’를 통한 능동적 글쓰기 방안.” 「새국어교육」 81. 한국국어교육학회

김현경(2008) “문단 쓰기 교수-학습 양상 연구.” 「어문학교육」 36. 한국어문교육학회.

박영목(2007) “중등학교 글쓰기 교육의 새로운 방향.” 「작문연구」 5. 한국작문학회.

박영민(2008) “우리나라 중등, 대학 글쓰기 교육과정과 글쓰기 교재.” 「작문연구」 7. 한국작문학회.

박영민, 가은아(2009) "중학생의 쓰기 동기 수준 및 성별에 따른 쓰기 수행의 차이." 「국어교육학연구」 35. 국어교육학회.

배상복(2004) 「문장기술」 랜덤하우스중앙.

배상복(2006) 「글쓰기 정석」 경향미디어.

배수찬(2007) "표현 중심 쓰기관에 대한 반성적 연구." 「국어교육」 124. 한국어교육학회.

백명숙(1996) "중학생을 위한 문단짓기 지도연구." 「배달말교육」 16. 배달말교육학회.

서종훈(2007) "담화연결표지 사용을 통한 문단 인식 양상; 고등학교 1학년의 읽기와 쓰기를 중심으로." 「국어교육」 123. 한국어교육학회.

손영애(2005) "새로운 국어과 교육 과정 개정에 관한 소론." 「국어교육학연구」 23. 국어교육학회.

송재희 · 김슬옹(1999) 「대중매체 읽고 쓰고 생각하기」 세종서적.

윤여탁(2008) "국어교육의 본질과 교과서." 「선청어문」 36. 서울대 국어교육과

이병모(1997) "글짓기를 위한 문장-단락 설정의 유형; 줄글을 중심으로." 「국어교육」 95. 한국어교육학회.

이상룡 · 박종식 · 김치완(2004) 「논리와 논술」 부산대학교 출판부.

이외수(2006) 「글쓰기의 공중부양」 동방미디어.

이윤하(2004) "효과적인 문법 교육을 위하여(1); 문장 개념 정립에 대하여." 「국어교육」 114. 한국어교육학회.

이재승(2002) 「글쓰기 교육의 원리와 방법」 교육과학사.

이춘근(2001) "문장 교육의 필요성." 「문창어문논집」 38. 문창어문학회.

이춘근(2003) "문장 바꾸기 지도 연구." 「우리말연구」 13. 우리말학회.

이춘근(2004) "문장 변형 지도 연구." 「우리말연구」 14. 우리말학회.

임성규(1998) "글쓰기 전략의 실제화 연구." 「광주초등국어교육연구」 3. 광주초등학교국어교육학회.

장하늘(2006) 「글고치기 전략」 다산호당.

장하늘(2009) 「글쓰기 표현사전」 다산호당.

정형근(2009) "대학 글쓰기의 현황과 제도; 학교 글쓰기 교육의 몇 가지 문제점과 개선 방안." 「시학과 언어학」 16. 시학과 언어학회.

최미숙(2002) "표현교육 연구의 반성과 제언." 「국어교육학연구」 4.

한철우, 전은주, 김명순, 박영민(2005) "표현 이해 교육 연구의 방향과 과제." 「국어교육학연구」 22.

황재웅(2007) "쓰기 능력 향상을 위한 문법 교육 방안 연구: 문장 단위를 중심으로." 「청람어문교육」 36. 청람어문교육학회.

허병두(2004) 「허병두의 즐거운 글쓰기 교실 1」 문학과지성사.

허병두(2004) 「허병두의 즐거운 글쓰기 교실 2」 문학과 지성사.

후지사와 고지(2004) 「문장의 기술」 ; 연주미 역(2004) 예솜출판.

안병섭

· 고려대 인문대학 국어국문학과 학사
· 고려대 일반대학원 석사 · 박사
· 현) 고려대 인문대학 국어국문학과 초빙교수

· 고려대 민족문화연구원 연구원 · 한국학연구소 상임연구원을 지냈으며, 고려대 · 단국대 · 한성대 · 상지대 · 금강대 등에서 전공 및 글쓰기를 강의하고 있다. 학생들과 소통하는 강의를 위해 노력하고 있다.

· 논저로는 『남북한 언어 어떻게 통일할 것인가?』(공저), 『광고언어론』(공저), 「방송 언어의 매체적 특성과 의사소통 구조」 등이 있다.

표현력을 키우는
표현 중심 쓰기 교육 방법

초판 1쇄 인쇄 • 2010년 3월 20일
초판 1쇄 발행 • 2010년 3월 25일

저 자 • 안 병 섭
발행인 • 박 성 복
발행처 • 도서출판 월인
서울특별시 강북구 휜구름길 19-3(수유2동 252-9)
등 록 • 제6-0364호
등록일 • 1998년 5월 4일
전 화 • (02) 912-5000
팩 스 • (02) 900-5036
www.worin.net

ISBN 978-89-8477-465-0 93810

값 7,500원